누구나
5년 만에
노후 월급
500만 원
만들 수 있다

누구나 5년 만에
노후 월급 500만 원
만들 수 있다

초판 1쇄 인쇄 2018년 2월 8일 초판 1쇄 발행 2018년 2월 14일

지은이 서명수
펴낸이 연준혁

출판 2본부 이사 이진영
출판 2분사 분사장 박경순
책임편집 윤서진
디자인 this-cover.com

펴낸곳 (주)위즈덤하우스 미디어그룹 출판등록 2000년 5월 23일 제13-1071호
주소 경기도 고양시 일산동구 정발산로 43-20 센트럴프라자 6층
전화 031)936-4000 팩스 031)903-3893 홈페이지 www.wisdomhouse.co.kr

값 15,000원 ISBN 979-11-6220-237-1 03320

국립중앙도서관 출판시도서목록(CIP)

누구나 5년 만에 노후 월급 500만 원 만들 수 있다 / 지은이
: 서명수. — 고양 : 위즈덤하우스, 2018
   p. ; cm

참고문헌 수록
ISBN 979-11-6220-237-1 03320 : ₩15000

노후 대책[老後對策]
자산 관리[資産管理]

327.04-KDC6
332.024014-DDC23   CIP2018002457

지금 준비해도 돈 걱정 없는 속성 특강

누구나
5년 만에
노후 월급
500만 원
만들 수 있다

서명수 지음

위즈덤하우스

일러두기

본문에 나오는 필요 노후 자금, 노후 저축액과 수익률, 사용 기간 등은 '미래에셋은퇴연구소
웹사이트(http://retirement.miraeasset.com/main.do)' 은퇴LAB 코너에서 산출한 것입니다.

노후 준비,
미리 하는 게 아니라 제때 하는 것이다

"정말 노후 준비를 5년 만에 끝낼 수 있는 거야?"

경제주간지 〈이코노미스트〉에 '노후 준비 5년 만에 끝내기' 시리즈를 시작할 무렵 퇴사한 한 선배가 던진 질문이다. 요컨대 요술 방망이가 있다면 모를까 불가능하다는 이야기였다.

맞는 말이다. 30, 40년 노후를 보낼 자금을 단 5년 만에 마련한다는 것은 거짓말이다. 그러나 시간이 많이 남아 있다고 노후 자금을 제대로 만들 수 있느냐 하면 그것도 아닐 것이다. 아마 부모로부터 물려받은 재산이 많거나 주식이나 부동산 투자로 횡재를 한 경우가 아닌 한 원하는 노후 자금을 준비하지 못하는 게 현실이다. 중앙일보 '재산리모델링 센터'에 재무 상담을 신청한 독자들을 봐도 수십억 원의 재산을 가진 기업체 CEO든 평범한 직장인이든 너 나 할 것 없이 노후 자금 부족을 하소연하고 있다.

나도 그랬다. 사실 40대를 넘어설 때부터 노후 준비를 해야겠다는 마음을 먹었다. 그때는 지금처럼 고령화가 화두가 아니었다. 직장마다 연공서열이 무너지고 능력주의가 도입되면서 직장 동료들 사이에 조기 퇴직에 대한 불안 심리가 번져 나가던 시기였다. 명예퇴직이란 이름 아래 선배들이 옷을 벗었고, 동료들은 엉뚱한 근무 부서로 쫓겨 갔다. 내가 노후 준비랍시고 했던 건 개인연금을 하나 달랑 든 것이었다. 지금 와서 계산해보니 국민연금을 합쳐도 노후 자금으론 턱없이 모자란다. 개인연금 불입금을 증액하든가 아니면 개수를 더 늘렸더라면 하는 아쉬움이 남는다. 노후 준비에 눈은 일찍 뜬 편이었지만 적극적으로 하지 않은 결과 노후 빈곤을 걱정하는 처지가 됐다.

따지고 보면 사람들 대부분이 당장 눈앞의 현실이 급한 탓에 미래는 그렇게 절박해하지 않는다. 노후 준비가 딱 그렇다. 먼 훗날의 일이다 보니 마음만 굴뚝같고 실천은 미적거린다. 그러다 퇴직이 가까이 다가오면 그때서야 때늦은 후회를 한다. 단기적으론 한 일을 후회하지만 장기적으론 하지 않은 일을 후회하는 것이 인간의 본성이다.

노후 월급 500만 원, 이루지 못할 것도 없다

노후 준비가 변변치 않으면 왠지 불안하고 귀가 얇아지게 돼 있다. 금융회사들의 은퇴 마케팅은 불안한 마음을 파고들어 구매욕을 자극하는 상술이다. 이른바 '공포마케팅'이다. "앞으로 100세까지 살아야 하는데, 55세에 퇴직하면 나머지 세월을 어떻게 보낼 거냐", "노후를 편안하게 보내려면 최소 10억 원은 필요하다", "자녀에게 손 벌리던 시대는 지나갔다. 직장생활 시작하면서부터 노후 준비를 시작해야 한다", "퇴직한 후 국민연금 탈 때까지 소득 공백기 동안 어떻게 먹고살 것이냐" 등으로 들쑤셔 대면 겁먹지 않을 재간이 없다. 이런 마케팅 기법은 금융회사 입장에선 효과적인 시장 공략일 수 있지만 개인의 과잉 구매를 부추기고 국가적으로도 자원 배분을 왜곡시키는 등 폐단이 많다.

노후 설계 전문가들이 제시하는 수치는 어디까지나 평균적으로 그렇다는 것이지 개인이 처한 상황과 크게 상관이 없다는 사실에 주목할 필요가 있다. 통계학에 '평균의 함정'이란 말이 있다. 조사 대상의 실정을 제대로 반영하지 못해 현실을 부풀리거나 축소한다는 의미다. 특히 소득처럼 표본 분포가 방대한 경우 평균은 착시 현상을 더욱 부추긴다. 사람들은 자신과 아무런 관련이 없는 이들 숫자 앞에서 울고 웃는다. 통계 숫자가 거는 마술이다.

노후 생활비를 계산하는 방법에도 문제가 있다. 보통 은퇴 전체 기간에 매월 얼마가 필요하다는 식으로 생활비를 산출하는데, 이는 노후 자금을 필요 이상으로 부풀려 좌절감만 안겨준다. 은퇴 기간 내내 생활비를 동일하게 산정하는 것은 잘못이다. 은퇴 초기 왕성한 활동을 할 시기엔 돈이 많이 들고 나머지는 건강상의 이유로 씀씀이가 확 줄어든다. 은퇴 기간을 초기·중기·말기로 3등분해 기간별로 돈 소비에 차등을 두는 것이 효율적인 노후 설계다. 이렇게 하면 노후 준비의 부담을 크게 경감할 수 있다. 예를 들면 원하는 생활비를 은퇴 초기엔 500만 원, 중기 300만 원, 후기 200만 원으로 책정하고, 이에 맞춰 준비해나가는 것이다. 은퇴 중기와 말기의 생활비는 국민연금과 주택연금으로 충당한다 해도 은퇴 초기의 생활비가 부족할 가능성이 크다. 이는 퇴직연금·개인연금 등 사적 연금 수령 기간을 단축해 수령 금액을 늘리는 방법으로 어느 정도 해결할 수 있다. 또 주택연금도 초기엔 많이 받고 나중엔 적게 받는 '전후후박'형으로 하면 보탬이 된다. 그래도 생활비가 부족하다면 은퇴 전까지 현역으로 활동하는 동안 저축해 메울 수 있다. 저축금을 따로 마련할 여유가 없는 경우 지출에서 허투루 새는 돈을 찾아내 활용하면 된다.

그럼 노후 생활비는 얼마나 들까? 은퇴 전문가들은 노후에 최소 생활비 170만~200만 원, 적정 생활비 250만~300만 원, 여유로운 생활비 300만~400만 원이 필요하다고 이야기한다. 그러나 이는 노후 기간 전체의 평균 개념이다. 노후 기간별로 차등을 두면 은퇴 초기의 여유로운 생활비 300만~400만 원은 500만 원 정도로 늘려 잡는 것이 맞다. 또 중기와 말기는 초기보다 생활비가 덜 들게 되므로 각각 300만 원, 200만 원으로 생각하면 된다. 노후 생활비 500만 원은 일반 월급쟁이에겐 꿈같은 액수이지만 이처럼 초기엔 많이 쓰고 중기와 말기엔 덜 쓰는 식으로 준비하면 마련하지 못할 것도 없다.

왜 퇴직 전 5년인가?

이 책을 읽는 독자들은 수십 년 동안 일을 했고 적지 않은 저축을 했을 것이다. 아마 은퇴라는 전설의 시간을 보낼 계획도 머릿속에 들어 있을 것이다. 퇴직 또는 은퇴까지 5년 남았다고 가정해보자. 얼마 안 있으면 정든 직장을 떠난다는 사실을 실감하게 되는 시점이다. 그동안 준비한 노후 자금은 충분한가? 생활비 지출에 낭비적 요소는 없는가? 집을 정리해 싼 곳으로 이사할 것인가? 노후에 아프면 어떻게 하지? 이 책은 이처럼 노후 준비를 제대로 못해 불안해하는 이들에게 희망의 메시지를 주려는 의도에서 출발했다. 필수 준비사항을 콕 집어내 보약이 아닌 외과적 처방을 제시하며 여러 중대 결정을 허둥대지 않고 명쾌하게 내릴 수 있도록 안전한 길로 안내한다. 부족한 노후 자금은 어떻게 충당하고, 이를 위한 예산은 어떻게 짜며, 지속가능한 노후 수입을 창출해 오래 쓰는 방법은 무엇인지 말해줄 것이다. 연금 사용법, 투자, 절세, 자산 이전, 의료 등에 관해서도 명쾌한 해법을 알려준다.

그렇다면 왜 하필이면 퇴직 5년 전일까? 15년이나 10년 전부터 시작하면 비용과 효과 측면에서 유리할 텐데 말이다. 실제로 대부분의 노후 준비 관련 책들이 사회 첫발을 내딛는 순간부터 노후 준비에 나설 것을 제안한다. 이는 은퇴할 때 돈이 너무 적은 걸 후회하느니 일찌감치 시작해 복리 효과라도 누려보자는 것으로 아주 틀린 이야기는 아니다. 하지만 너무 비현실적이다. 20대나 30대에 노후 준비에 나서는 사람은 거의 없다. 그때엔 노후 준비 말고도 씨

름해야 할 인생 이벤트가 많다. 결혼하고, 집 사고, 자녀 교육 시키고 등등. 퇴직 5년 전이면 가까운 미래에 회사를 그만둬야 한다는 것이 피부에 와닿는 시기다. 그래서 보다 절박한 심정으로 현실성 있게 노후 준비에 나설 수 있다. 장기 상품인 연금보험 가입자 10명 중 8, 9명이 목돈 수요 때문에 원금 손실 등 불이익을 감수하고 중도 해지한다고 한다. 이를 보면 노후 준비는 기간의 문제가 아닌 것 같다. 단기전이라도 하기 나름이란 이야기다.

글로벌 경기 회복으로 국내 경제도 좋아져 자산 시장 환경이 개선되고 있다. 그러나 노후 자금은 수익 욕심을 내지 말고 안전하게 굴려야 한다는 걸 잊지 말자. 다시 한 번 강조하지만 단기전이라도 얼마든지 효율적인 노후 준비가 가능하다. 이 책이 안내하는 길을 따라가다 보면 어느새 불안감은 사라지고 알찬 미래의 삶을 설계하게 된다는 것을 약속드린다.

차례

1장
퇴직 전 5년, 노후가 180도 바뀌는 시간

2장
풍요로운 노후를 위한 자산 오래 쓰기 전략

3장
손해 보지 않는 투자 원칙

4장
별 탈 없는 집과 가족, 돈 걱정 없는 노후의 종점이다

5장
이것만 기억하면 '노후 파산' 결코 없다

노후 준비 5년 속성 플랜

5년 전	4년 전

▸ 국민연금과 퇴직연금, 개인연금의 수령 시기와 금액 확인(금융감독원 '통합연금포털(100lifeplan.fss.or.kr)')

▸ 노후 부족 자금 계산과 저축금 마련을 위한 예산 수립

▸ 소비 지출 삭감 계획 실행

▸ 부수입거리 찾아보기

▸ 거치식 즉시연금 가입

▸ 배우자 국민연금 임의 가입

▸ 노후 재무설계를 도울 자산관리 전문가 선정

▸ 퇴직연금(DC형) 수익률 관리 방안 수립

▸ 연금저축계좌·IRP 가입

▸ 보장성 보험 가입 추진

▸ 주택담보대출 등 가계부채 상환 계획 수립

▸ 자산관리 전문가와 자산 이전 계획 협의

▸ 노후 자금 부족 상황에 대비한 플랜 B 작성

▸ 페이스북 등 인맥 사이트 가입

▸ 노후 부족 자금 마련 위한 예산 평가와 수정

▸ 부채 상환과 저축금 늘리기

▸ 부수입 계획 실행

▸ 연금저축계좌·IRP 적립금 납입

▸ 퇴직연금(DC형) 운용

▸ 자산관리 전문가와 은퇴 전략 최소 연 1회 상담

▸ 은퇴 후 의료비 조달 계획 수립

▸ 은퇴 후 거주 계획 수립

퇴직 예상 시점

3년 전	2년 전	1년 전
▶ 노후 부족 자금 마련 위한 예산 평가와 수정	▶ 노후 부족 자금 마련 위한 예산 평가와 수정	▶ 노후 부족 자금 마련 위한 예산 평가와 수정
▶ 부채 상환과 저축금 늘리기	▶ 연금저축계좌·IRP 적립금 납입	▶ 자산관리 전문가와 은퇴 전략 최소 연 1회 상담
▶ 연금저축계좌·IRP 적립금 납입	▶ 퇴직연금(DC형) 운용	▶ 연금저축계좌·IRP 적립금 납입
▶ 퇴직연금(DC형) 운용	▶ 주택담보대출과 가계부채 상환 완료	▶ 퇴직연금(DC형) 운용
▶ 자산관리 전문가와 은퇴 전략 최소 연 1회 상담	▶ 자산관리 전문가와 은퇴 전략 최소 연 1회 상담	▶ 즉시연금 가입
▶ 은퇴 후 수입·지출 계획 수립		▶ 은퇴 후 거주지 결정
▶ 노후 취미 준비 착수		▶ 고용 연장 가능성 타진과 재취업 준비
▶ 노후 여가 활동비 마련 위한 재정 플랜 수립		▶ 은퇴 후 사회활동 지원 사업 파악
		▶ 은퇴 후 잠정 예산 편성
		▶ 은퇴 직전 최종 예산안 확정
		▶ 은퇴 직후 고용보험 신청
		▶ 은퇴 직후 건강보험 '임의 계속가입자' 제도 가입

1장

퇴직 전 5년,
노후가 180도
바뀌는 시간

골든타임에 하는 노후 준비는 젊을 때 하는 노후 준비보다 더 밀도 있고 체계적으로 진행할 수 있다. 시간이 없다고 조급해할 필요는 없다. 급히 서두른다고 돈이 불어나는 건 아니며 자칫 잘못된 판단을 하게 될 수도 있다. 국민연금과 퇴직연금, 개인연금에다 어느 정도 저축금만 가지고 있다면 원하는 노후 자금을 얼마든지 만들 수 있다.

노후,
왜 걱정만 하고 준비하지 못하는가

우리나라에 요즘 부쩍 커진 시장이 있다. 은퇴 시장이다. 베이비 부머(1955~1963년 출생자)들이 본격 퇴직 행렬에 들어선 2010년부터 장이 서기 시작했다. '100세 시대', '소득 절벽', '국민연금 고갈' 등 불안을 부추기는 표현들을 등에 업고 해마다 판이 커지고 있다. 노후 준비의 핵심인 사적 연금(퇴직연금+개인연금)만 현재 400조 원 규모로 성장했고, 해마다 평균 13%에 달하는 놀라운 속도로 불어나고 있다. 2020년이면 590조 원으로 국민연금 적립액과 맞먹는 수준이 될 것으로 전망된다.

따지고 보면 사적 연금 시장의 급격한 팽창은 열악한 복지 수준이 만들어냈다고 할 수 있다. 노후에 비빌 언덕으로 유일하다시피 한 국민연금은 잘 받아봐야 월 100여만 원 수준이고, 더구나 2060년이면 재원이 고갈돼 연금 혜택을 받지 못할 것이라는 무시

무시한 이야기도 돌고 있다. 여기에 국민연금 수급 개시가 61세 이후로 맞춰져 있다는 점도 무시할 수 없다. 직장인 평균 퇴직 연령이 53세이므로 8~9년의 소득 공백 구간을 무사히 건너야 노후에 안착할 수 있다. 공교육이 시원치 않으면 사교육이 기승을 부리듯이, 복지가 부실하면 보완할 거리를 찾아 시장을 기웃거리게 된다. 수요가 생기면 공급이 뒤따르는 법, 각종 연금 상품이 쏟아지면서 사적 연금 시장이 갑자기 몸집을 키운 배경이다.

한국에서는 은퇴가 여전히 부정적인 개념이다. 빈곤, 두려움, 고독, 무료함 같은 단어와 연관돼서다. 은퇴에 대해 이런 감정을 갖는 가장 큰 이유는 노후 준비가 충분치 않은 탓이다. 대부분의 노후 관련 설문조사에서 노후가 걱정되느냐는 질문에 '그렇다'라고 응답하는 비율이 90%가 넘는다. 동시에, 노후 준비를 했느냐는 질문에는 70% 가까이가 '그렇지 못하다'라고 답한다. 노후를 걱정하면서도 준비는 소홀히 한다는 것을 알 수 있다.

실제 베이비부머와 그 직후 세대 상당수가 노후 준비를 제대로 하지 못했다. 이들이 현역으로 한창 일할 땐 금리가 지금보다 훨씬 높았고 인구의 고령화가 심하지 않아 연금의 중요성이 그리 크지 않았다. 재산도 아파트 같은 부동산 중심이어서 노후 생활비로 쓸 재원을 만들기가 어려웠고, 자녀 교육과 부모 봉양으로 자신의 노후 대비는 뒷전으로 밀렸다. 뒤늦게 부동산을 줄이고 연금 재원을 마련하느라 법석을 떨어보지만 만족스러운 결과를 얻지 못하고 있다. 이렇게 보면 여러 가지 현실 여건 때문에 노후 준비를 제대로 못한 듯하지만, 꼭 그렇지 않은 측면도 있다.

노후 준비 방해하는 '시간 비일관성'

은퇴 설계에 관한 서적이나 이 분야 전문가들은 사회에 첫발을 내딛는 순간부터 은퇴를 가정해 저축을 시작해야 한다고 조언한다. 수명이 늘면서 은퇴 후 기간은 점점 길어지고, 저금리로 재산 증식이 어려워지기 때문이라는 설명이다. 노후 자금을 모을 마땅한 수단이 부족하니 시간을 벌어 복리 효과라도 누리자는 것이다. 이는 최선은 아니라도 차선은 된다.

그러나 노후 준비를 일찍 시작한다는 것이 말처럼 쉽지는 않다. 실제로 30대에 은퇴 계획을 세우고 행동으로 옮기는 사람은 거의 없을 것이다. 젊은 시절엔 노후보다는 좀 더 현실적인 목표, 즉 결혼이라든가 내 집 마련, 육아 등에 더 무게를 둘 수밖에 없다. 당장 생활하기에도 빠듯한 사람에게 20~30년 뒤에 닥칠 은퇴를 대비하라는 것은 한가한 소리로 들릴 수 있다. 40~50대가 돼서도 '노후에 돈은 얼마나 있어야 하지?', '무슨 일을 해야 할까?' 등을 생각하다 보면 가슴만 답답해진다. 자녀 교육이라든가 주택 장만, 부채 상환 등 돈 들어갈 곳이 눈앞에 쌓여 있기 때문이다. 그러다 보면 '나중에 어떻게 되겠지' 하는 자포자기 심정이 되어 노후 준비는 또다시 뒷전이 된다.

통계청이 발표한 '2016년 기준 퇴직연금 통계'에 따르면 퇴직연금 중도 인출자 중 '주택 구입'을 이유로 꼽은 사람이 1만 8,319명으로 집계됐다. 전체 중도 인출자(4만 91명)의 45.7%에 해당한다. 전세보증금 등을 마련하기 위해 퇴직연금을 깬다고 답한 사람도 전체의 18.1%(7,248명)였다. 즉, 두 수치를 합하면 퇴직연금을 헐어 주택 자금으로 쓰는 경우가 절반이 넘는 63.8%에 달하는 것이다. 중도 해지를 하지 않았다 해도 퇴직금을 연금으로 남겨두지 않고 일시금으로 수령하는 비율이 90%를 넘는다. 안정적 노후 대비라는 애초 취지와 다르게, 퇴직연금이 손쉽게 꺼내 쓸 수 있는 '비상금'처럼 이용되고 있는 것이다. 퇴직연금뿐 아니라 연금보험 같은 개인연금도 도중에 깨는 비율이 절반 가까이 된다고 한다.

누구나 장기적으론 올바른 선택을 하고자 하지만 단기적으론 잘못된 선택을 하는 경향이 있다. 미국 하버드대학교에서 이런 실험을 한 적이 있다. 실험 참가자들에게 급여의 2%를 자동이체를 통해 저축하는 것에 참여할 의사가 있느냐는 질문을 던졌다. 그랬더니 모두가 '그렇다'라고 답했다. 하지만 지금부터 바로 저축이 시작된다는 질문을 던졌을 땐 오직 30%만 참여하겠다고 했고, 1년 뒤 저축이 시작된다고 했을 땐 77%가 참여하겠다고 했다. 왜 이런 차이가 날까? 바로 시간 때문이다. 같은 돈이라도 미래에 사용하는 것보다 지금 사용하는 것이 더 가치가 있다고 느끼는 것이다.

경제학자들은 이를 '시간 비일관성'이라는 용어로 설명한다. 지금 당장 실행해야 장기적으로 높은 효용을 얻게 된다는 것을 잘 알고 있지만, 현재의 효용을 중시하기 때문에 뒤로 미루려 한다는 의미다. 이는 원래 국가의 경제 정책이 단기적이고 정치적으로 운영

될 때 사용하는 말인데, 우리의 노후 준비 행태도 같은 맥락에서 볼 수 있다. 노후의 안정된 생활을 꿈꾸면서 저축을 해야겠다고 결심하는 한편, 퇴직 때까지는 한참 남았으니 미리미리 하면 크게 어렵지 않을 거라고 생각한다. 그러나 정작 저축을 해야 할 때가 되면 망설이거나 이런저런 이유로 실행에 옮기지 못한다. 이처럼 '미래의 나'보다는 '현재의 나'를 앞세우는 것은 어쩔 수 없는 인간의 본성이기도 하다.

조기 노후 준비의 함정

엄밀히 말해 조기 노후 준비가 꼭 바람직한 것만은 아니다. 은퇴 전문가들 사이에서도 이런 의견이 많다. 노후 준비를 일찍 시작하면 비용이나 효과 측면에서 유리한 건 맞지만, 그럴 경우 즐겨야 할 시기를 희생해야 하기 때문에 전체 생애의 효용이 줄어들 위험이 있다는 것이다. 젊은 사람들이 노후에 발목 잡혀 사는 것은 한 번뿐인 인생을 너무 삭막하게 만들 수 있다는 말이다. 그렇다고 노후 준비를 하지 말라는 의미는 아니다. 모든 일엔 때가 있듯이 노후 준비도 어느 시기를 놓치면 힘들어진다. 말하자면 노후 준비에도 '골든타임'이 있다는 뜻이다.

골든타임은 의학 용어로 생사를 오가는 환자의 목숨을 구할 수 있는 중요한 시간을 말한다. 한 예로 2015년 6월 중동호흡기증후군(메르스) 사태를 들 수 있다. 당시 초동 대응 실패로 바이러스가 걷잡을 수 없이 확산됐던 것처럼, 노후 준비에서 골든타임을 놓치면 은퇴 이후의 삶이 피폐해질 수 있다. 나는 '퇴직 5년 전'을 그 시기로 본다. 대부분의 월급쟁이는 이 시기가 되면 머지않아 퇴직하리란 생각을 이전 어느 때보다 구체적으로 하게 된다.

이 시기는 보험 업계에서 이야기하는 '은퇴 레드 존(Retirement Red Zone)'에 해당하기도 한다. 노후의 삶을 준비할 마지막 기회이자 중요한 시기라는 뜻이다. 은퇴 레드 존은 은퇴 전 10년부터 은퇴 후 5년을 말하며, 노후 설계의 성패를 결정짓는 최후의 시기로, 소득과 지출이 역전되는 기간이다. 특히 은퇴 5~6년 전부터는 그 차이가 빠른 속도로 커진다. 은퇴 레드 존을 놓치면 투자 상품 선택의 폭이 줄어들고, 잘못된 선택이라도 할 경우 되돌리거나 회복할 시간이 별로 없다. 이를테면 연금저축보험이나 연금저축계좌는 가입 후 5년이 지나야 연금 수급 자격이 생긴다. 최소한 은퇴 5년 전엔 가입해야 은퇴 후 바로 연금을 탈 수 있다는 이야기다.

그럼 노후 자금은 어떻게 만들어야 할까? 저금리 시대엔 단기간에 자금을 키우려면 너무 많은 리스크를 짊어져야 한다. 이에 대안으로 제시되는 것이 소득 중심의 노후 준비다. 국민연금·퇴직연금·개인연금으로 '연금 3층 집'을 짓고, 은퇴 후 연금이 통장으로 매달 들어오도록 든든한 소득원을 만드는 것이다. 예를 들어 은퇴 후 월 300만 원이 소득 목표이고 연금으로 200만 원을 만들었다면, 나머지 100만 원은 펀드에 투자하거나 보험 상품에 가입하거나 수익형 부동산의 월세를 받는 방법으로 마련하는 것이다.

노후 자금을 만들 때는 세 가지 리스크를 고려하고 이에 대처해야 한다. 첫 번째는 길어진 수명이다. 통계청에 따르면 한국인의 평균 수명은 2015년 기준 남성 79세, 여성 85세로 매우 빠른 속도로 수명이 늘고 있는 추세다. 수명은 늘어났지만 노후 자금은 한정되어 있으니, 이 빤한 자금을 어떻게 하면 오래 쓸 수 있을지 지혜를 발휘해야 한다. 두 번째는 시장 변동성이다. 노후 자금을 힘들게 모아 주식에 투자해두고 있는데, 은퇴 시점에 시장이 폭락하기라도 하면 안정된 노후 생활은 물 건너가게 된다. 세 번째는 인플레이션이다. 인플레이션은 노후 자금을 갉아먹는 악마다. 지난 10년간 한국의 물가는 연평균 3% 상승했다. 이런 추세라면 지금의 1,000만 원은 20년 뒤 가치가 절반 수준으로 하락해 같은 물건을 사는 데 돈을 두 배로 내야 할지도 모른다.

은퇴 후 5년 관리 못하면 빈곤의 나락

은퇴 후 삶은 활동기, 회고기, 간병기로 나눌 수 있는데 은퇴 직후 5년이 가장 왕성하게 활동하는 시기다. 따라서 이 기간에 대해 반드시 별도로 대비해야 한다. 은퇴를 하면 여유 시간이 늘기 때문에 그간 하지 못했던 취미 생활도 즐기고 해외여행도 자주 떠날 수 있다. 그런데 문제는 돈이다. 들어오는 돈이 현역 때에 비해 확 줄어든다. 가계 재정을 각별하게 신경 써서 관리하지 않으면 순식간에 빈곤의 나락으로 떨어진다. 여가 활동비를 생활비와는 별도로 관리해야 하는 이유다. 은퇴를 하더라도 생활비 지출 방식은 크게 달라지지 않는다. 소비 습관이 쉽게 바뀌지 않기 때문이다. 하루아침에 생활비를 큰 폭으로 줄이기보다 현재의 라이프스타일이 어떠한지 의식주 비용과 보험료, 각종 세금 등을 항목별로 점검해보아야 한다.

자신의 월별 적정 생활비를 산출했다면 은퇴 직후 나이부터 평균 수명까지 개월 수를 곱해 노후 자금 규모를 계산할 수 있다. 아니면 현재 생활비의 70% 또는 전체 소득의 70~80%를 평균적인 노후 생활비로 책정하는 방법도 있다. 예를 들어 현재 300만 원의 소득이 발생한다면 노후 생활비로 월 210만~240만 원을 상정하는 것이다.

골든타임에 하는 노후 준비는 젊을 때 하는 노후 준비보다 더 밀도 있고 체계적으로 진행할 수 있다. 시간이 없다고 조급해할 필요는 없다. 국민연금과 퇴직연금, 개인연금에다 어느 정도 저축금만 가지고 있다면 원하는 노후 자금을 얼마든지 만들 수 있다. 그러려면 기본적으로 자신의 자산 상태를 점검하고 은퇴 자금 마련 계획을 구체적으로 세워야 한다. 아울러 부채와 소비, 집의 규모 등에서 다운사이징 훈련을 병행해야 한다. 은퇴 후 남아도는 시간을 의미 있게 보낼 수 있도록 취미를 만들거나 재취업을 위해 자기계발에 투자하는 것도 이때부터 시작하는 것이 바람직하다.

대세는 노후비 총액이 아닌
'노후 월급'이다

노후 준비의 요체는 은퇴 후 생활비로 쓸 재원을 되도록 많이 만드는 것이다. 하지만 이게 말처럼 쉽지 않다. 지난 2008년 글로벌 금융위기 직후 10년은 노후 준비에 나선 사람이나 은퇴자들에게 암흑기였다. 시장이 얼어붙어 노후 자금을 만들 수 있는 재테크가 전혀 먹혀들지 않았다. 괜히 돈 좀 벌어보겠다고 덤볐다간 본전도 못 찾는 일이 비일비재했다. 그렇다고 쥐꼬리 같은 금리를 주는 은행에만 돈을 넣어둘 수도 없었다. 여기에 수명 연장이 복병으로 등장했다. 시장 침체가 재산 증식을 어렵게 했다면, 수명 연장은 노후 자산의 조기 고갈 위험을 높였다. 노후 자금을 만들기도 어려운 상황에서, 그 자금을 오랜 기간에 걸쳐 나눠 써야 하는 고난도 문제가 제기됐다. 그래서 재테크를 통해 자산을 불리는 대신 지키는 데 주력하는 자산관리란 용어가 유행하게 됐다.

최근 들어 이런 상황이 조금은 유리하게 돌아가는 듯하다. 세계 경제의 불황이라는 기나긴 터널도 이제 끝이 보이기 시작했다. 2008년 전 지구적 경제위기 이후 세계 경제를 지배한 언어는 '뉴노멀'이었다. 세계적인 채권펀드 핌코(PIMCO)의 최고경영자 모하메드 엘 에리언이 처음 사용한 말로 저성장, 저금리, 저물가, 고실업률, 정부 부채 증가, 규제 강화 등을 특징으로 한다. 이 뉴노멀 시대가 저물고 '포스트 뉴노멀' 시대가 열리고 있다는 게 경제계의 진단이다. 미국에서 시작한 양적완화(기준금리가 제로에 가까운 상황에서 금리를 낮추기 어려울 때 중앙은행이 시중에 통화공급을 늘리는 정책)는 미국의 경기 회복으로 나타났고, 이는 유럽과 일본 경기에 불쏘시개 역할을 하고 있다.

사실 미국의 양적완화에 대해 우려하는 시각이 많았다. 미국에서 금리가 인상되면 한국을 비롯한 경제가 빠르게 성장한 신흥국 시장에서 선진국으로 유동성이 급격히 이동하게 돼 신흥국 국가의 금융 시장과 경기가 심한 충격에 빠질 것으로 본 것이다. 그런데 현실은 정반대다. 미국 경기의 '낙수 효과(고소득층의 소득 증대가 소비와 투자 확대로 이어져 궁극적으로 저소득층의 소득도 증가하게 되는 효과)'가 확산되는 가운데 신흥국 통화가 상대적 강세를 보이면서, 상대적으로 금리 수준이 높은 신흥국 시장으로 자금이 이동하고 있다.

'뉴노멀' 시대에서 '포스트 뉴노멀' 시대로
경기 회복에 더해 저물가 현상은 주식 같은 위험자산 선호 심리에 불을 댕기고 있다. 인터넷 혁명이 불러온 유통 혁신은 골디락스 (goldilocks), 즉 금리가 상승하는데도 고성장·저물가 국면이 이어지는 이상적인 경제 상황을 만들어내고 있다. 영국계 자산운용사인 슈로더투신운용은 2018년 세계 경제를 아예 '골디락스 상태'라고 표현했다. 경기가 회복되고 채권 투자의 매력이 반감되면서 안전자산에 머물러 있던 자금이 위험자산 쪽으로 몰려갔고, 그 결과 주식과 부동산이 높은 성과를 기록했다.

포스트 뉴노멀 시대가 '노멀 시대'의 바통을 이어받을지 아니면 단기간 반짝하다가 다시 어둠의 터널로 회귀할지 현재로선 알 수 없다. 하지만 어쨌거나 시장이 안정을 찾은 것은 다행이라 하겠다. 적어도 한 치 앞을 내다보기 힘든 변동성과 불확실성의 공포에서 벗어나 미래를 설계할 수 있으니 말이다. 하지만 재테크 시절이 돌아온 건 아니니 들뜰 필요는 없다. 일반 개인이 재테크로 재미를 보기 위해선 경제 성장이 전제되어야 한다. 성숙 단계에 들어선 우리 경제가 금융위기 이전 경제 성장률 5~6%대로 돌아갈 수 있을까?

당시 기준금리 수준은 지금의 서너 배인 5%대였다. 현재 1.5% 대인 기준금리가 단기간에 두 배인 3%로만 올라도 아마 경제 곳곳에서 곡소리가 날 것이다. 미국 금리가 3%대로 돌아가는 건 10년 이내엔 불가능하다는 분석도 있다. 무엇보다 초저금리 상황에서 금리를 올리는 게 어렵고 경제·사회적 비용을 많이 치러야 하기 때문이다. '72 법칙'이라는 게 있다. 무위험 채권에 돈을 넣어 두 배가 되는 데 걸리는 시간을 말한다. 금리가 1%면 무려 72년이 걸린다.

2%면 36년, 3%면 24년, 4%면 18년이다. 이에 비해 5%면 14.4년이면 된다. 같은 1%포인트 차이지만 금리가 낮아질수록 소요되는 시간이 기하급수적으로 늘어난다는 것을 알 수 있다.

뉴노멀 시대는 노후 준비에 나선 사람들에게 큰 교훈을 남겼다. 노후 자산은 재테크 관점으로 접근해서는 안 된다는 것이다. 아울러 늘어난 수명은 모아놓은 노후 자금을 오래 써야 한다는 숙제를 던졌다. 자산을 불리지 않고 어떻게 오래 쓸 수 있단 말인가? 이 이율배반적 명제를 해결하는 것이 은퇴 설계의 최대 이슈로 떠올랐다.

과거 노후 준비에서는 은퇴 시점까지 내가 원하는 만큼의 자금을 모으는 데 초점이 맞춰졌다. 자연히 자산의 크기를 늘리고 수익률을 높이는 것이 최대 관심사였다. 그러나 이 방식으로는 너무 많은 리스크를 짊어져야 한다. 자산을 운용할 때 수익에 대한 기대가 커질수록 리스크도 커진다는 것은 기초적인 상식이다. 욕심을 부려 노후 자산을 키우려다 실패하면 노후는 그야말로 재앙이 된다.

예를 들어 중견 기업에 근무하는 박 과장이 60세에 은퇴해서 최소 월 생활비 200만 원으로 평균 기대 수명 80세까지 산다고 가정하자. 박 과장은 노후 자금으로 얼마를 모아야 할까? 물가 상승률 1%, 투자 수익률 3%를 고려할 때 준비 금액은 3억 9,000만 원이다. 그런데 기대 수명이 이보다 늘어난다면 준비 금액도 달라진다. 기대 수명이 90세로 늘어난다면 은퇴 후 기간이 10년 늘어난 30년에 달해 4억 4,000만 원이 필요해진다. 이때 물가 상승률이 1%포인트 높고 투자 수익률이 1%포인트 적다면 준비 금액은 6억 2,000만 원으로 늘어난다. 지금의 절대적인 저금리 상황과 평범한 일반인의 저축 규모를 고려한다면 이런 금액은 사실상 그림의 떡이다.

과연 우리가 1억 원, 3억 원, 또는 6억 원이라는 노후 자금을 모을 수 있을까? 경제가 좀 나아졌다고는 하지만 우리에게 억 단위의 돈은 여전히 큰돈이다. 1억 원을 모으려면 일반적으로 월평균 65만 원을 투자 수익률 연평균 7%로 10년 동안 운용해야 한다. 그러니 3억 원이나 6억 원을 언제 모은단 말인가? 자녀 교육 등 목돈 수요가 많은 40~50대 월급쟁이가 쉽게 모을 수 있는 돈이 아니다. 다시 한 번 얘기하지만 자산을 축적하고 모으는, 과거의 목돈 중심 노후 준비는 시장이라는 변수와 수명 연장 탓에 실패로 끝날 가능성이 크다.

대세로 떠오른 소득 관점의 은퇴 설계

최근 새로운 트렌드로 떠오르는 것이 소득 관점의 은퇴 설계다. '은퇴 후 생활을 위해 10억 원을 모은다'라는 식의 자산 크기가 아닌 '월 생활비 300만 원을 만든다'라는 소득 중심의 재무 플랜을 짜는 개념이다. 우리나라에선 아직 익숙하지 않지만 미국 등 선진국에선 이미 대세로 자리 잡았다. 노벨경제학상을 받은 미국 MIT의 로버트 머튼 교수는 "과거에는 무조건 높은 수익률을 거둬 많은 자산을 축적하고자 했지만, 이제는 은퇴 후 원하는 생활 수준을 유지하기 위해 얼마만큼의 소득이 필요한지를 정하고 준비하는 것이 은퇴 준비의 첫걸음"이라고 말했다. 자신의 은퇴 후 소득을 먼저 알아본 뒤, 여기서부터 거꾸로 얼마를 저축하고 얼마나 많은 위험을 감수할지를 선택해야 한다는 것이다.

예컨대 부동산을 노후 자금에 포함하여 준비하다가는 자칫 노후에 부동산을 팔지 못해 현금이 쪼들리는 상황이 생길 수 있다. 또 은퇴 시점까지 3억 원을 마련해 노후에는 그 이자로 생활하겠다고 한다면, 이자율에 따라 생활비가 들쭉날쭉해진다. 예를 들어 금리가 연 5%에서 3%로 떨어지면 월 생활비는 125만 원에서 75만 원으로 줄어든다. 이 상황에서 월 생활비를 125만 원으로 유지하려 하면 노후 자금이 일찍 바닥날 것이다. 하지만 같은 3억 원의 가치를 갖는 연금에서 사망 시점까지 매월 100만 원씩 나온다면 소득이 불안정해질까 염려하지 않아도 된다.

자산의 크기 대신 월 생활비를 중심으로 재무설계를 하면 노후 자금 계획이 더 뚜렷해진다. 예를 들어 월 소득 목표를 300만 원으로 잡고, 100만 원은 국민연금, 50만 원은 퇴직연금, 50만 원은 연금저축, 100만 원은 일과 임대수입으로 마련하겠다는 계획을 짜는 것이다.

2016년에 출간된 《2020 시니어 트렌드》는 50대 이상의 인구가 많아지는 초고령 일본 사회의 각종 현상과 문제점을 짚어보고, 앞으로 노후를 어떻게 보내야 하는지 전망한 책이다. '하쿠호도 새로운 어른 문화 연구소'가 2008년부터 2015년까지 7년간 일본의 40대부터 80대를 대상으로 한 조사 결과를 심층 분석했다. 그중에서도 은퇴 설계 방식이 달라지고 있다는 다음 대목이 눈길을 끈다.

"지금까지 은퇴 설계는 노후에 얼마가 필요한지에 대한 물음으로 시작했다. 매달 필요 생활비를 알아보고 가족 행사나 여행에 들어갈 비용을 따져 필요 자금을 계산해냈는데, 대다수 사람은 지금까지 모은 자산과의 금액 차이가 너무 커 불안감을 느끼곤 한다. 특히 정년을 앞둔 예비 은퇴자나 이미 은퇴의 길을 걷고 있는 사람들은 좌절에 빠진다. 이를 타개하기 위해 노후에 얼마가 필요한지가 아닌 노후에 쓸 수 있는 돈이 얼마나 되나를 파악하는 계산 방식이 새로 등장했다. 은퇴 시점의 보유 자산을 기준으로 60대부터 90대까지 매달 얼마씩 쓸 수 있는지 계산한 후 최소 생활비를 뺀 나머지를 노후 자금으로 사용한다. 이것으로 여행이나 투자를 하면 불안감을 최소화할 수 있다."

현금흐름 좋게 하는 자산들

그렇다면 소득 관점의 은퇴 설계는 구체적으로 어떻게 하는 걸까? 바로 현금흐름을 좋게 하는 것이다. 현금흐름은 현금이 가계로 들어오고 나가는 것을 이른다. 몸이 동맥경화에 걸려 피가 제대로 흐르지 못하면 건강을 잃는 것처럼, 가계 역시 자산이 아무리 많아도 현금이 돌지 않으면 망하게 돼 있다. 과거에는 경제가 빠르게 성장하고 금리가 높았기에 보유한 자산 자체가 돈이 됐지만, 이제는 현금흐름을 창출하는 자산이 중요해졌다.

현금흐름과 관련하여 극적인 변화를 겪은 자산이 부동산이다. 단순히 거주하는 주택보다는 임대수입을 얻을 수 있는 오피스텔이나 상가, 소형 아파트가 인기를 끌고 있다. 또 평수가 넓은 아파트에 살았다면 주택 다운사이징에 나서 그 차액을 현금흐름이 나오는 자산에 묻어두는 추세다. 사는 집을 담보로 생활비를 타 쓰는 주택연금 가입자도 늘고 있다. 금융 쪽에는 연금 상품이 있다. 국민연금·퇴직연금·개인연금 세 종류가 있는데, 이들 재원을 얼마나 확보하느냐에 따라 노후 생활의 질이 좌우된다. 건물을 지을 때 대지의 효율을 높이기 위해 고층으로 올리듯이, 고령화 시대에 노후 자산을 오래 쓰려면 최대한 연금화하여 생활비 재원을 다양하게 확보해두어야 한다.

아무리 해도 원하는 현금흐름을 만들기 어렵다면 투자의 세계로 몸을 던져야 한다. 물론 투자 수익은 거저 주어지지 않는다. 수익이 좋다는 얘기만 듣고 덥석 물었다간 된통 당할 수 있다. 무엇보다 원금이 깨질 수 있다는 게 가장 아픈 대목이다. 그렇지만 원금손실의 위험을 감수하며 도전하는 사람일수록 더 큰 보상을 받을 수 있다. 투자할 곳은 널려 있다. 주식·펀드·부동산·금·석유·광물 같은 자산과 함께 한국·미국·중국·유럽 등 지역도 투자 대상이 된다. 이들은 한 방향으로 같이 움직이는 게 아니라 앞서기도 하고 뒤처지기도 하며, 때로는 역주행하기도 한다. 주가가 떨어지면 채권이 오르고, 채권이 오르면 부동산이 뛴다. 선진국 시장이 기울면 신흥 시장이 뜬다. 펀드 투자에서 여러 자산 또는 여러 투자국을 일정 비율로 섞는 포트폴리오를 통해 위험을 분산하면서 수익도 챙기는 금융 기법이 그래서 중요하다.

얼마나 부족한지부터
따져봐야 한다

　누구나 노후를 생애 어느 때보다 고귀하고 즐겁게 보내야 한다고 생각한다. 젊은 날엔 회사 일에 충실하면서 가정을 지키는 등 남을 위해 살았다면, 노후는 처음이자 마지막으로 온전히 자신만의 시간을 갖는 시기이기 때문이다. 평소 읽고 싶던 책을 마음껏 읽고, 손주들과 즐거운 시간을 보내며, 취미·여가 활동을 즐기는 꿈을 꾸는 게 일반적이다. 자연에 목말랐던 사람은 시골로 내려가 텃밭을 가꾸며 안빈낙도하기도 한다. 금전적 여유가 있는 사람은 부부 동반 해외여행을 떠나고, 친구들과 골프장에서 하루를 보낼 수 있다.

　다행인지 불행인지 몰라도, 우리의 노후 시간은 부모 세대보다 훨씬 길어졌다. 1970년대만 하더라도 남성의 평균 수명은 62세 정도였다. 노후고 뭐고 여유를 가질 겨를도 없이 은퇴하고 얼마 안 있어 세상을 떴다. 하지만 지금은 100세를 말하는 세상이다. 앞으로

10여 년 후면 100세가 넘은 노인을 지금보다 훨씬 자주 보게 될 것이다. 지금 60세인 사람의 인생 정년은 82세다. 먹고 자는 시간을 빼도 무려 10만 시간 이상이 자신만을 위한 노후 기간이란 이야기다. 이 인생의 기나긴 마지막 구간을 지루하지 않고 의미 있게 보내려면, 무엇보다 경제력이 필요하다. 그러나 노후엔 수입은 빤한데 돈 쓸 시간이 차고도 넘쳐 자칫하면 마파람에 게 눈 감추듯 자산이 금방 쪼그라들 수 있다.

노후 자금을 여유 있게 준비하지 않으면 장수가 축복이 아니라 저주가 될 수도 있다. 30~40년의 노후를 보낼 만한 돈을 마련하지 못했다는 것은 끔찍한 일이며, 예비 퇴직자들 사이에 최대 걱정거리다. 언론에선 노후에 최소 생활비 170만~200만 원, 적정 생활비 250만~300만 원, 여유로운 생활비 300만~500만 원이 필요하다고 이야기한다. 그러나 노후 자금에 대해 정확하게 인지하고 있는 사람은 거의 없다. 경제·사회적 환경이 하루가 다르게 변할뿐더러 물가 상승 등으로 돈의 가치가 떨어지기 때문이기도 하다.

이런 상황에서 정부는 복지 재정 부담을 줄이기 위해 개인의 노후 자금 준비를 독려하고 있다. 앞으로 연금 상품에 대한 개인의 운용 재량권은 점점 확대될 것이다. 시장엔 개인종합자산관리계좌(ISA) 같은 노후 준비용 금융 상품이 많이 나와 있다. 이들 상품은 하나같이 절세 기능을 장착해 실질수익률을 높여준다. 이는 노후 자금 만들기가 발등의 불인 예비 퇴직자들에게 좋은 기회다. 운용 실력에 따라 단기간에 재산을 불릴 수 있어서다.

골든타임에 하는 노후 준비는 '너 자신을 알라'는 진리가 출발점이다. 현재 나의 재무 상태는 어떻고, 준비된 연금 상품이 얼마나 되며, 부족한 자금은 어느 정도인지부터 따져봐야 한다는 이야기다. 이를 위해 다음과 같은 다섯 단계의 전략이 필요하다.

노후 준비 5단계 전략

1단계: 자신의 재무 상태 확인

2단계: 예상 연금 수령액 등 노후 수입과 노후 예상 생활비 계산

3단계: 노후 예상 생활비에서 수입을 뺀 노후 부족 자금 계산

4단계: 노후 부족 자금 메우기 액션 프로그램 실행

5단계: 6개월 단위로 점검, 재조정

노후 생활비의 산출 공식

노후 생활 자금은 일반적으로 은퇴 시점을 기준으로 산출하는데, 은퇴 후에는 돈을 쓰기만 하는 것으로 가정한다. 노후 생활비는 크게 세 가지로 나뉜다. 기초 생활비, 여가 활동비, 건강관리비가 그것이다. 기초 생활비엔 식료품비, 피복비, 주거관리비, 통신비, 교통비, 차량 유지비, 건강보험료와 각종 세금 등이 있다. 여가 활동비는 외식비, 문화생활비, 경조사비, 손주 용돈, 동창회비, 각종 모임 참가비, 국내외 여행비가 포함된다. 건강관리비는 체육 활동비, 건강검진비, 의료비, 건강식품 구입비, 약값, 간병비 등이 해당한다.

기초 생활비 항목은 현역 때와 똑같지만 지출 금액은 훨씬 줄어

든다. 그러나 여가 활동비는 현역 때보다 항목도 늘고 지출 금액도 왕창 커진다. 젊어서는 내 집을 갖기 위해, 자녀 교육을 위해 일만 하며 살았지만 은퇴 후엔 다양한 취미 활동도 즐기고 해외여행도 가면서 편히 쉬어야 한다. 또 모임비·동창회비도 필요하고, 온 가족이 모였으면 외식비도 한 번씩 내야 하고, 손주들 용돈도 챙겨주어야 한다. 여러 인간관계를 맺다 보면 자연스럽게 경조사비 지출도 늘어난다. 마지막으로 건강관리비다. 나이가 70세 이상으로 넘어가면 기초 생활비보다 의료비가 더 많이 든다. 1년에 병원비가 400만 원 정도 드는데 나이가 들수록 점점 더 늘어난다. 잔존 여명을 통틀어 평균 1억 원 이상의 의료비가 든다고 한다.

국민연금공단에서 50대 이상 4,800가구를 대상으로 조사해 발표한 '적정' 월 생활비는 부부 237만 원, 개인 145만 원으로 나타났다. '최소' 월 생활비는 부부 174만 원, 개인 105만 원이었다. 연령대별 부부 기준 월 적정 생활비를 보면 50대가 262만 원으로 가장 많고, 60대 228만 원, 70대 201만 원, 80대 이상 191만 원 등 나이가 들수록 생활비가 줄었다. 그러나 노후 생활비는 사람마다 다르므로 무턱대고 이 금액을 기준으로 적용하는 것은 무리다. 은퇴 전문가들은 퇴직 전 지출의 80%를 노후 생활 첫해의 생활비로 잡는 것이 합리적이라고 말한다. 둘째 해부터는 그 전해의 생활비에 물가 상승률을 고려해 산정한다.

'3층 연금 소득' 확보하기

노후 생활비의 윤곽이 나왔다면 이번에는 노후에 예상되는 수입이 얼마인지 알아볼 차례다. 앞서 설명했듯이, 퇴직 이전까지 마련할 수 있는 모든 자금을 합산하는 자산 중심 방식이 아니라 퇴직 이후 매달 고정적인 소득이 얼마인지를 계산하는 소득 중심 방식이어야 한다. 은퇴 이후 필요한 소득을 마련하기 위해서는 '국민연금, 퇴직연금, 개인연금의 3층 노후 보장 체계'를 기반으로 연금 소득을 확보하는 것이 중요하다.

국민연금 예상 수령액은 국민연금공단 홈페이지에 접속하여 '내 연금 알아보기(www.nps.or.kr/jsppage/csa/csa.jsp)' 메뉴를 활용하면 쉽게 확인할 수 있다. 퇴직연금이나 개인연금은 만기 때 목돈으로 타지 말고 가능하면 종신연금으로 수령하는 것이 좋다. 간단하게 매월 연금 수입액을 계산해보면 자신의 은퇴 준비 상태를 점검해볼 수 있다. 예를 들어 은퇴 후 생활비로 매월 200만 원을 목표로 하고 있는데, 매달 받는 국민연금이 70만 원이고 퇴직연금과 개인연금을 합쳐 월 수령 예상액이 80만 원 정도라면 매월 50만 원가량이 부족한 셈이다.

또 목돈은 연금으로 환산해본다. 목돈을 연금으로 환산할 때 손쉽게 활용할 수 있는 방법 중 하나가 '목돈 1억 원 = 연금 월 40만 원'으로 추산하는 방법이다. 이는 60세를 기준으로 부부형 즉시연금(20년 보장, 3% 공시이율, 종신형)에 가입했을 때 수령하는 금액이다. 예를 들어 현재 퇴직연금 적립액이 2억 원이라면 나중에 받게 될 예상 연금은 대략 월 80만 원으로 추산하는 식이다. 이는 금리나 투자 수익률 등에 따라 변동될 수 있기 때문에 정확한 것은 아니지만, 연금자산을 계산해볼 때 유용하다. 임대 부동산을 가지고 있다면 임대수입이 발생할 것이고, 금융자산이 있다면 이자나 배당소득이 있을 수 있다.

이와 같은 소득으로 매월 고정 지출을 충당할 수 없다면, 살고 있는 집을 담보로 연금 형태로 대출을 받는 주택연금에 가입할 수 있다. 금융감독원 '통합연금포털(100lifeplan.fss.or.kr)'에 가면 본인이 가입한 국민연금·퇴직연금·개인연금은 언제부터 수령할 수 있고, 월 지급액은 얼마인지 등을 간단히 조회할 수 있다.

그 외에 생각지 못한 고정 소득이 생길 수도 있다. 취업을 하여 급여를 받거나 자녀에게 용돈을 받는 경우다. 자녀에게 받은 용돈은 노후 자금으로 쓸 수도 있지만, 될 수 있으면 자녀의 결혼 자금 같은 용도로 적립해두기를 권한다. 이는 자녀의 결혼 자금 등을 마련하는 부담도 줄일 수 있어 일거양득의 효과를 거둘 수 있다.

부족 자금 계산은 물가 상승률과 함께

노후의 매월 예상 생활비에서 예상 수입을 빼면 모자라는 금액이 어느 정도인지 알 수 있다. 오랫동안 노후를 준비해온 사람이면 몰라도 대부분 노후 자금이 턱없이 부족하다는 데 놀랄 것이다. 이 계산을 해보면 노후 생활비를 충당하기 위해 노후 수입을 얼마나 더 늘려야 하는지 분명한 그림이 그려진다. 퇴직 시점까지 얼마를 모아야 할지는 예상되는 부족 금액을 투자 수익률·물가 상승률·기대 여명 등의 변수를 고려하여 산출할 수 있다. 퇴직 전까지 어떻게 투자하고 어떻게 인출해야 이 돈을 일찍 소진하지 않고 오래 쓸 수 있는지는 뒤에서 소개하겠다.

노후 부족 자금을 추정할 때 주의해야 할 점은 반드시 물가 상승률을 고려해 계산해야 한다는 것이다. 노후 생활은 시간과의 싸움이다. 30~40년이라는 세월과 장기전을 벌여야 한다. 그런데 물가는 시간을 먹고 자라는 괴물이다. 시간이 길어질수록 물가는 가공할 파괴력을 가진다.

예를 들어 물가가 매년 3%씩 오른다고 가정하면, 현재 200만 원인 도시 가구의 월 생활비는 24년이 지나면 월 400만 원으로 두 배가 된다. 보통 은퇴 전문가들이 노후 생활비로 10억 이상을 준비해야 한다고 말하는 것은 이처럼 가공할 물가의 영향을 고려하기 때문이다. 노후 생활비를 추정할 때 물가 상승률은 연 2% 선으로 추정하는 것이 보통이나 이보다 물가가 더 많이 오르면 준비해야 할 자금 규모는 더욱 커질 수밖에 없다.

노후 부족 자금을 대략적으로나마 계산하는 간단한 방법이 있다. 금융감독원의 금융소비자정보 포털 사이트인 '파인(fine.fss.or.kr)'에 접속하면 된다. 나 역시 노후 예상 수입을 토대로 부족 자금이 얼마인지 직접 계산해봤다. 파인 홈페이지의 '통합연금포털' 메뉴에 들어가 '내 연금조회'를 실행했더니, 연금자산에서 월 197만 원을 수령할 것으로 추산됐다. 국민연금공단이 최근 발표한 50대 이상 부부 기준 월 적정 생활비 236만 원과의 차액을 계산하면 월 39만 원이 부족하다는 결론이 나온다. 연간으론 468만 원이 부족한데, 투자 수익률 5%, 물가 상승률 2%, 은퇴 후 삶 30년을 가정할 때 1억 5,000만 원 정도가 있어야 메울 수 있다고 예상할 수 있다.

노후 계정
살찌우는 3대 묘책

노후 준비의 첫걸음은 노후에 예상되는 생활비에서 예상 수입을 빼 부족 자금을 구하는 것이다. 그 부족 자금이 예상보다 커서 대부분의 사람이 실망한다. 그렇다고 포기할 순 없다. 지금부터 퇴직 때까지 5~6년밖에 남지 않았다 해도 부족 자금을 충분히 메울 수 있다. 또 퇴직을 하더라도 노후 자산을 불려나가는 노력을 지속해나가면 된다. 노후 자산은 퇴직 후에도 세월의 흐름과 함께 복리의 마술을 부리며 꾸준히 성장할 것이다.

자산을 불리는 방법은 수익률을 높이든지, 아니면 저축 규모를 늘리든지 둘 중 하나다. 수익률만 높인다면 현재 지출 수준을 유지하면서 보다 빨리 목돈을 마련할 수 있으므로 똑똑한 방법처럼 보인다. 남들이 하는 것을 보면 높은 수익률을 거두는 일이 그렇게 어려워 보이지 않는다. 그러나 수익률을 높인다는 것은 단순히 정기적금이나 정기예금 같은 저축 상품에 가입하는 것이 아니라, 대상이 무엇이든 투자를 한다는 것을 의미한다. 이를테면 주식에 투자하는 것이다. 투자에 성공할 수 있겠느냐는 질문에 자신 있게 "네"라고 대답했다면 한번 해보시라. 단기간에 수익률을 올리는 게 흔한 일이 아님을 수업료를 지불하고서야 실감하게 될 것이다. 투자를 통해 높은 수익률을 올리려면 아무리 많은 시간, 많은 노력을 기울이더라도 운이 따라줘야 하기 때문이다. 개인 투자자가 단기간에 투자에 성공했다면 90%가 운이다.

그러므로 불확실한 수익률을 높이고자 애쓰기보다 저축액을 늘리는 것을 추천한다. 우리에게 남은 시간 동안 시장을 마음대로 할 수는 없지만, 얼마나 저축할지에 대해선 완전한 통제권을 행사할 수 있다. 저축 규모를 늘리려면 소득을 키워야 하는데, 물론 쉬운 일이 아니다. 승진을 하거나 몸값을 올려 이직해야 하는데, 얼마 안 있어 퇴직해야 하는 상황에선 기대하기 어렵다. 결국 소득 창출 효과를 가진 간접 수단들을 동원해야 한다는 이야기다. 대표적인 것이 지출을 통제하고, 절세를 꾀하고, 부업을 하는 것이다.

지출 통제, 과유불급의 정신으로

지출 통제란 긴요하지 않은 소비를 억제하거나 돈이 새나가는 구멍을 틀어막는 것을 말한다. 그 효과가 얼마나 대단한지는 어렵지 않게 입증할 수 있다. 월급 400만 원을 받는 사람이 이 중 50%인 200만 원을 연 2%짜리 금융 상품에 저축하고, 나머지를 지출한다고 가정해보자. 여기서 지출을 10% 줄여 투자를 늘리면 월 저축금은 200만 원에서 220만 원으로 늘어난다. 그런데 이 20만 원을 원금이 아닌 이자로 생각해보라. 지출을 줄여 저축하는 것이므로 원금보다는 이자로 보자는 것이다. 월 220만 원씩 연 2%의 적금을 들면 1년 후 2,664만 원이 생긴다. 이를 원금 2,400만 원 기준 실질수익률로 환산하면 연 11%다. 저금리 시대엔 10%의 수익을 올렸다면 대박이란 소리를 듣는다. 지출을 줄여 저축금을 늘리면 그렇게 애를 쓰지 않고도 두 자릿수 이상의 수익률을 올릴 수 있다.

그러나 무리하게 돈을 절약하다 보면 삶의 질이 떨어지고, 또 그 상태가 지속되면 지출 통제로 인한 피로감이 쌓여 부작용이 생길 수 있다. 지나치면 아니함만 못하다. 이를테면 커피 같은 기호품을 절약 대상으로 삼는 경우가 있다. 이른바 '카페라테 효과'로 불리는데, 커피처럼 사소한 비용을 절약하면 종국엔 큰돈이 된다는 이론이다. 그러나 기호품 비용을 줄이는 것은 절약 효과가 크지 않고, 오히려 조그만 호사에 죄책감을 느끼게 하므로 바람직하지 않다. 절약이 지나치면 삶을 삭막하게 할 가능성이 크다. 노후 준비는 어쨌든 삶의 질을 높이는 것이 최종 목표가 아닌가. 지출을 통제할 때는 심리적 부담감이 적은 것부터 차근차근 실천하는 것이 좋다. 지금부터 구체적인 방법을 알아보자.

첫째, 새는 돈을 없애는 것이다. 아무 계획 없이 돈을 쓰다 보면 수입과 지출 간에 틈이 생기는데, 이것이 새는 돈이다. 하나의 통장에서 모든 지출을 해결하거나 신용카드를 무분별하게 사용할 때 새는 돈이 많아진다. 지출 성격별로 통장을 정리하고 체크카드를 사용하여 효과적인 현금흐름 시스템을 구축하면 도움이 된다.

둘째, 구조적 모순을 뜯어고쳐야 한다. 예를 들면 높은 금리로 대출을 받은 한편, 적금에 많은 금액을 납입하는 것이다. 또 보장성 보험에 잘못 가입해 보험료를 과다 지출하는 경우도 있다. 보장성 보험은 저축이 아닌 비용이다. 막연히 보장 금액이 크다고 해서 무조건 좋은 것은 아니다. 구조적 모순을 극복하려면 사는 집의 규모를 줄이는 다운사이징도 좋은 방법이다. 물론 집은 가족과의 행복한 추억이 가득 찬 곳이다. 그러나 필요 이상으로 크다면 규모를 줄여 이사하는 것이 바람직하다. 아이들의 교육을 마쳤다면 학군과 상관없는 곳으로 이사하여 주거비를 낮출 수 있다. 집의 규모를 줄이거나 집값이 낮은 지역으로 이사하여 생긴 여윳돈은 저축금을 늘리는 데 투입할 수 있다. 이러한 지출 통제를 잘 지켜도 지출 규모를 20% 이상 줄일 수 있다.

셋째, 절약하는 것이다. 어떤 이들은 외식비나 여행비 등 변동 지출 항목을 줄이려고 한다. 그러나 변동 지출을 너무 줄이면 자칫 삶의 질이 훼손될 수 있다. 변동 지출을 줄일지 안 줄일지는 개인의 선택이다. 그보다는 고정 지출 항목을 눈여겨보자. 이곳에 의외로 절약의 여지가 숨어 있다. 우리 현실이 주거와 주거관리에 과도한 금액을 쓸 수밖에 없다. 아파트 생활이 대부분인데, 관리비가 평균적으로 월 30만 원에서 50만 원 정도 나온다. 대출을 받아 집을 샀거나 월세를 산다면 주거와 관련된 비용은 수직 상승한다. 자동차 관련 비용도 가계를 축내는 지출인데, 통계청에 따르면 흑자 가정과 적자 가정의 구분이 자동차 구입 비용과 유지 비용으로 갈린다고 한다. 분수에 넘치게 외제차나 대형차를 보유하고 있는 건 아닌지 살펴볼 일이다. 식비와 의류비는 먹고살아야 하는 지출이어서 줄이는 데 한계가 있지만, 그 밖의 부분에서 의외로 낭비가 많을 수 있다. 자녀 교육 비용과 결혼 비용도 덩어리가 큰 지출이다. 노후 준비가 발등의 불인 부모의 실상을 알려 자녀들이 비용 일부를 스스로 해결하게 하자.

절세, 수익을 끌어올리는 가장 쉬운 방법

절세는 인간의 힘으로 실질수익을 올리는 묘책이다. 자산의 수익률을 끌어올리는 가장 쉬우면서도 확실한 방법이라고 할 수 있다. 2008년 96세로 사망한 투자의 전설 존 템플턴 경은 "모든 장기 투자자가 추구해야 할 목표는 세후 실질소득의 극대화"라고 말했다. 세금까지 포함한 모든 거래 비용을 빼고 최종적으로 손에 쥐는 수익의 크기를 키우는 것이 투자의 종착지라는 것이다. 세수 부족에 허덕이는 정부에서 절세 여지를 자꾸 없애고 있지만, 은퇴 관련 상품만큼은 '절세 천국'으로 남겨두고 있다. 저금리 시대엔 절세만 잘해도 웬만한 투자 상품보다 높은 수익을 올릴 수 있다. 이들 상품에 연간 한도를 꽉 채워 납입하는 것이 단기간에 노후 자금을 마련하는 지름길이다.

연봉이 7,000만 원인 회사원 최 씨의 예를 살펴보자. 최 씨는 올해 연금저축계좌에 400만 원, 개인형퇴직연금(IRP)에 300만 원, 주택청약종합저축에 240만 원 등 세금 혜택을 받을 수 있는 납입 한도를 채워 총 940만 원을 부었다. 연금저축계좌와 IRP는 세액공제로, 주택청약종합저축은 소득공제로 세금 환급액이 계산된다. 연금저축계좌와 IRP는 납입액에 13.2%의 공제율을 곱하면 바로 세금 환급액을 구할 수 있지만 주택청약종합저축은 납입액의 40%인 소득공제액에 최 씨의 소득 구간 세율 16.5%를 고려해야 한다.

이렇게 해서 최 씨가 연말정산에서 받게 될 예상 환급액은 연금저축계좌와 IRP 92만 원, 주택청약종합저축 16만 원을 합쳐 약 108만 원이다. 이를 수익률로 나타내면 연 12%, 각 상품의 운용수익을 5%로 가정한다면 약 17%나 된다. 은행 금리의 열 배 가까운 수익이다. 0.1%의 수익률도 감지덕지해야 할 상황에서 절세의 위력을 실감 나게 해주는 대목이다.

노후 준비를 위한 투자의 세계로 뛰어든다고 할 때 최우선 포트폴리오는 절세 상품이어야 한다. 어지간하면 다소 무리가 되더라도 한도까지 꽉 채워 절세 상품에 가입하길 권한다. 그것이 저금리 시대에 가장 확실하게 수익을 올리는 길이다.

부업, 인터넷 글쓰기 등으로 소득 창출을

소득흐름 자체를 늘리는 방법도 있다. 수익형 부동산으로 월세 수입을 얻으려면 수억 원의 투자금이 필요하고, 전문직이 아니면 과외 수입을 얻기 어렵다. 그렇지만 지금은 신종 부업거리가 쏟아지고 있는 인터넷 시대다. 인터넷 세상에선 과거처럼 심신을 혹사하지 않고 일과 후 간단히 손품·발품만 팔면 얼마든지 짭짤한 부수입을 올릴 수 있다. 특히 노후로 넘어가기 전의 과도기에 심리적인 준비를 도와줄 뿐 아니라 노후 대비에 대한 적당한 정신적 자극이 되며, 현역에서 물러난 뒤의 돈벌이 기회도 제공한다.

요즘 신종 부업의 대세는 인터넷 글쓰기다. 홈페이지, 블로그, SNS 상에 홍보·광고 글을 올려 부수입을 올리는 것이다. 글을 작성해 사이트에 올리면 누군가 방문해 그 글을 볼 때마다 수수료 수입이 생기고, 이미 작성한 글을 통해서도 수익이 꾸준히 나오는 구조다. 잘만 하면 월 100만 원 이상 벌 수 있다. 파워 블로거가 돼 광고주가 생기면서 글값이 치솟기도 한다. 소셜미디어 중엔 자신과 연결된 회원이 결제를 하면 결제 금액의 일부가 자동으로 수익이 되는 곳도 있다. 미스터리 쇼퍼라는 새로운 직업도 있다. 일반 고객으로 가장해 매장을 방문하여 점원의 친절도·판매 기술·사업장 분위기 등을 평가한 다음 개선점을 제안하는 일이다. 이 역시 일과 후 부업을 원하는 50대 이상에게 어울린다. 일당은 5만~7만 원 정도다.

예산이 곧
'원하는 삶의 로드맵'

퇴직까지 남은 5년, 저축을 늘려 노후 계정을 살찌우는 것이 관건이다. 외부에서의 자금 수혈이 이뤄지지 않는 상태에서 저축을 늘리려면 가계 내부에서 방법을 찾아야 한다. 바로 현금흐름을 개선하는 일이다. 비단 가계뿐 아니라 모든 경제 주체는 현금흐름이 마르지 않도록 갈무리하는 데 재무관리의 초점을 맞춰야 한다.

그럼 현금흐름을 좋게 하는 구체적인 방법은 무엇일까? 예산에 맞춰 지출하는 소비 습관을 기르는 것이 지름길이다. 지출이 예산을 초과하지 않도록 시스템화하는 것이다. 그러나 예산 짜기는 몹시 귀찮은 일이다. 대부분의 사람은 이미 써버린 돈을 생각조차 하기 싫어한다. 수입 항목은 손가락으로 꼽을 정도인데 쓸 곳은 밤하늘의 별처럼 많은 불편한 진실을 마주하기도 두렵다. 그래서 그런지 예산 짜기를 다들 피하기 바쁠 뿐 실제로 시도해본 사람이 드물다. 혹 시도를 했더라도 중도에 포기하는 경우가 많다. 예산은 어쨌거나 환영받지 못하는 존재다. 그럼에도 예산 짜기는 노후 자금 마련을 위해 꼭 필요하다. 또 노후 생활에 들어가기 전에 소비를 줄이는 훈련을 해야 하는데, 예산 짜기는 이에 대한 의식을 높여 현역 시절의 잘못된 소비 습관을 바로잡게 해준다.

예산 짜기는 단지 외식비나 유흥비에 얼마나 많은 돈을 쓰고 있는지 알기 위해 하는 것이 아니다. 더 근본적으로, 소비의 민낯을 볼 수 있게 한다. 스스로 중요하다고 생각하는 가치와 실제 돈을 쓰는 방식 사이의 간극을 발견하는 기회도 제공한다. 소비를 추적하고 관리하지 않으면 돈이 어디에 쓰이는지 알 수가 없다. 딱 한 달만 예산을 짜보면 '그런 곳에 내가 그렇게 많은 돈을 쓰고 있었다니!'라는 생각에 깜짝 놀라게 된다. 예산 짜기는 자신의 소비 성향에 대해 몰랐던 많은 사실을 알려준다. 돈이 어떻게 쓰이는지 모른다는 것은 새는 구멍이 많다는 뜻이다. 구멍을 막는 시스템이 없다면 돈의 저수지가 메마르는 건 시간문제다.

수입 추적하기

예산 짜기의 기본은 돈이 어디서 오고 어디로 가는지를 추적하는 일이다. 예산을 집행할 때는 번 것보다 덜 쓰는 것이 중요하다. 덜 쓰는 것은 어렵지 않다. 긴요하지 않은 소비를 없애거나 절약할 수 있는 비용을 찾아내면 된다. 그러려면 수입이 얼마이고 어디에 쓰이는지 정확히 파악해야 하는데, 이것이 예산 짜기의 출발점이다. 수입엔 우선 회사에서 받는 급여가 있고, 연말 보너스와 부정기적인 실적 급여 등이 있다. 부동산 임대수입이라든가 배당금, 이자 수입, 자녀가 주는 용돈 등도 포함된다. 이들 수입원의 목록을 만들면 가계로 들어오는 돈의 출처를 일목요연하게 알 수 있다.

지출 추적하기

수입원은 어렵지 않게 파악할 수 있지만 지출은 그렇지 않다. 돈을 쓰는 데는 수만 가지 방법이 있기 때문이다. 다행히 은행과 카드 회사에 조회하면 그렇게 힘든 작업만은 아니다. 지출 내역을 제공받아 지출 예산 워크시트를 만들어보자. 이 작업을 마치면 돈이 어디에 소비되는지 알 수 있고 자신의 지출 습관도 파악할 수 있다.

지출 추적은 고정 지출 항목을 정리하는 것으로 출발한다. 일반적인 고정 지출은 비소비성 지출로 주택담보대출 원리금 상환액, 자동차 할부금, 보험료 등이 있다. 또 주거비, 교육비, 공적 연금·사회보험 등 가계가 필수적으로 지출해야 하는 경직성 지출이 있다. 경직성 지출은 자동이체로 처리되도록 해놓으면 편하다. 또 장기적인 저축 목표를 세웠다면 그 금액이 자동이체로 빠져나가게 하자. 부정기적으로 발생하는 변동 지출도 있다. 소비성 지출이다. 식료품비, 유흥비, 외식비, 미용·이발비, 주차비, 의류비 등이다. 자동차 수리비라든가 휴가비, 배우자 치과 치료비 같은 예기치 못한 불규칙성 지출도 있다. 최근 1년간 예산이 지출된 내역을 살펴보면 이들 항목에 대해 대략적인 예산을 짤 수 있다.

지출 예산 워크시트

항목	예산	지출액
주택담보대출 원리금 상환		
재산세(일년분을 12로 나눠 계산)		
아파트 관리비		
자동차 할부금		
주유비		
학자금 대출 상환금		
교통비		
금융비용		
기타		
고정비용 합계		
식비		
의류비		
통신비		
신용카드 사용액		
용돈		
유흥비		
외식비		
미용·이발비		
주차비·톨게이트비		
변동비용 합계		

예산 짜기

　전체 지출은 수입보다 반드시 적어야 한다. 버는 것보다 많이 쓴다든지 푼돈조차 써버릴 정도로 낭비벽이 심하다면 지출을 줄일 방법을 더 적극적으로 찾자. 버는 것보다 덜 쓴다 하더라도 월말에 노후 자금을 저축할 수 있는 여윳돈이 충분한지도 살펴야 함은 물론이다. 그렇지 않다면 지출 내역을 들여다보고 감축할 수 있는 대목이 어딘지를 찾아내야 한다. 이는 예산 짜기 초보자한테는 힘든 작업일 수 있다. 삶을 희생하지 않고는 절약이 불가능한 것처럼 느껴질 수 있어서다.

예산 짜기는 아주 개인적이고 주관적이다. 예산은 무엇을 가질 수 없는지를 알려주려는 것이 아니라 원하는 삶에 도달하는 길을 밝혀주는 로드맵이다. 원하는 삶이 무엇인지 파악하면, 삶을 희생하지 않고 어디서 지출을 줄여야 하는지 알아낼 수 있다. 노후를 위한 저축이 시급히 해결해야 할 현안이라면 지금까지 꼭 필요하다고 여겼던 것을 포기할 수 있다. 예컨대 현역 때 사업상 필요했던 골프장 회원권이 있다면 이를 처분하여 저축 재원을 마련할 수 있다.

지출 예산을 짤 때 중요한 것은 돈이 새는 구멍이 없도록 해야 한다는 점이다. 지출 항목을 '원하는 것'과 '필요한 것'으로 나누고, 항목별로 중요도에 따라 우선순위를 매겨보자. 이렇게 하면 지출을 줄여야 할 대상을 쉽게 찾아낼 수 있다. 필요한 것은 집, 수도·전기, 음식, 옷, 자동차 등 살아가는 데 없어서는 안 될 생활필수품을 말한다. 반면 원하는 것은 여가 선용, 외식, 기부, 회원권, 선물, 휴가처럼 꼭 필요한 것은 아니지만 있으면 편리하거나 삶의 질을 높일 수 있는 것들이다. 예를 들면 의류는 '필요한 것'이지만 사람에 따라 중요도가 다르다. 유행에 민감한 사람은 값비싼 유명 디자이너가 만드는 옷에 돈을 많이 써 의류비 예산이 적지 않게 든다. 이 사람은 각 항목의 중요도를 1부터 5까지 매긴다고 할 때, 의류비 항목이 가장 높은 5다. 그러나 옷차림에 크게 신경 쓰지 않아도 되는 사람들은 그 중요도가 2나 3에 그칠 것이다.

지출 항목의 우선순위가 매겨졌다면 예산을 어떻게 배정해야 하는지가 결정된다. 이 과정에서 과다 지출을 하는 항목이 무엇인지 알게 된다. 만약 지출 우선순위에 따라 소비가 이루어지지 않았다면 예산을 감축할 대상을 쉽게 찾아낼 수 있다. 대개 고정 지출이 손봐야 할 1차 대상이 된다. 고정 지출은 가정에서 '매달 같은 수준의 금액이 지출되는 부분'을 말한다. 그러나 같은 고정 지출이라도 생활비를 조금씩 줄이는 것으로는 재정 상황을 크게 바꿀 수 없다. 이 부분을 줄인다 해도 돈을 모으는 데 한계가 있기 때문이다. 더 효과적으로 돈을 모으려면 생활비 지출에서 큰돈이 나가는 항목을 줄여야 한다. 결국 이 지출을 줄일 수 있어야 돈을 모을 수 있고 부자가 될 수 있다.

우리나라 가정의 경우 주택 구입이 고정 지출을 늘리는 공공의 적이다. 주택을 살 때 대부분 은행에서 대출을 받기 때문에 그 원리금 상환이 고정 지출의 상당 부분을 차지한다. 굳이 현금흐름 개선이 아니라도 부채 상환은 빚 없는 노후를 위해 꼭 실행해야 할 수칙이다. 또 더는 필요 없는 보험료를 지불하고 있는 상황이라면 보험사에 연락해 계약 내용을 바꿔 보험료를 낮추거나 해지하자. 지인의 권유로 또는 보험판매인의 현란한 말솜씨에 넘어가 중복 가입했거나 불필요한 보장까지 두고 있는 가정이 의외로 많다. 또 잘 듣지 않는 음원 사이트 월정액, 지나치게 비싼 케이블TV 이용료 등도 감축 대상이다. 또 유흥비, 외식비, 미용·이발비, 주차비, 의료비 같은 변동 지출은 삶의 질 문제와 관련이 있다. 지나친 변동비 지출은 현금흐름을 나쁘게 하지만, 그렇다고 마냥 아끼는 것은 삶을 삭막하게 할 수 있으니 잘 따져봐야 한다.

예산 짜기 단계

1. 목표 설정: 노후 종잣돈 마련을 위해 매월 얼마를 저축해야 하는지 재무 목표를 세운다

2. 현재 지출 파악: 지난 3개월간 수입·지출 내역을 모두 적어보고 돈을 어디에 썼는지 파악한다

3. 예산 결정: 2단계에서 파악한 지출 내역을 예산표에 옮겨 적고, 현 소비 습관에 비춰 예산을 어떻게 짜야 할지 결정한다

4. 진행 상황 측정: 3개월 단위로 이미 세운 재정적 목표를 얼마나 달성했는지 평가한다

5. 평가: 세운 목표를 달성할 때마다 이에 알맞은 보상 계획을 만든다

감축 방법 정하기

감축 대상을 파악했으면 그다음은 대상별로 얼마나 감축할 것인지, 어떻게 감축할 것인지를 정한다. 대상별 감축 폭을 모두 더하면 노후 자금을 만들기 위한 추가 저축액을 구할 수 있다.

이런 일련의 절차는 결코 짧은 시간 내에 마무리될 수 없다. 가치관의 변화가 필요하기 때문이다. 지금까지의 삶을 버리고 인생

후반전을 위한 인생 계획을 세우는 문제다. 현역 때는 어디서 사는 지가 중요할 수 있지만, 노후엔 어떻게 사는지가 더 중요하다. 좋은 곳에 사느라 들이는 비용을 줄여 미래를 대비하고, 자녀 뒷바라지에 쏟던 열정을 이제는 부부의 노후 삶을 준비하는 데로 돌려야 한다. 이는 결국 가치관이 변해야 가능한 일이다. 세상을 보는 시각이 변해야 한다는 의미다. 쉽지 않지만 반드시 해야 하는 일이다. 저축 역시 '고정 지출'로 인식을 전환해야 한다. 저축은 지출과는 다른 개념의 항목이지만, 저축을 고정 지출로 생각해야 월급에서 저축을 먼저 하고 나머지로 소비하는 습관이 생기기 때문이다. 어떤 이유로든 저축하지 않고 생활한다는 건 오늘만 살고 말겠다는 태도와 다름이 없다.

감축 대상 지출 항목

지출 항목	변경 전 지출액	감축 방법	변경 후 지출액
식료품비			
유흥비			
외식비			
세탁비			
자동차 유지비			
교통비			
기부금			
담보대출금			
자동차할부금			
전기료			
가스비			

케이블TV 시청료			
통신비			
신용카드이용액			
의류비			
의료비			
자동차세			
재산세			
자동차 수리비			
선물비			
휴가비			
기타			
경직성 지출			
합계			

예산 점검하기

수입과 지출 흐름을 파악하고 지출을 줄일 방법을 정했다면, 노후를 위한 저축을 극대화하기 위해 예산에 얼마만큼 여유가 있는지 살필 차례다. 예산이 균형을 이루는지 아닌지는 수입에서 지출을 빼보면 바로 알 수 있다. 만약 적자 예산이라면 지출 감축 대상들을 좀 더 쥐어짜야 한다. 그래도 여전히 적자라면 수입을 늘리기위한 특단의 대책을 세워야 한다.

예산은 생활백서 같은 것이다. 한 번 작성하고 잊어버리는 일회성 기록이 아니다. 노후 준비를 할 때 수시로 들여다보면서 필요하면 수정을 해야 한다. 적어도 3개월에 한 번은 예산을 점검하자. 목표로 하는 삶에 한 발짝씩 다가가고 있음을 확인하는 것은 몹시 흥분되는 일이다.

돈 걱정 없는
노후 월급 만들기

직장인 A 씨는 48세다. 한창 일할 나이이고 비정규직이 아닌데도 고용 불안감이 크다. 회사가 보장하는 정년이 있지만, 그때까지 다닐 수 있으리라고는 꿈도 못 꾼다. 우리나라 직장인의 평균 퇴직 연령이 53세다. 평균이 그런 것이지 실제로는 50세 전후로 회사를 떠나는 월급쟁이가 많다. 얼마 안 있으면 같이 입사한 동료들이 희망퇴직이다 명예퇴직이다 해서 작별 인사를 하러 찾아올 것이다. 퇴직이 남의 일이라고 여겨왔는데 이제는 피부로 느껴진다. 그런데도 아직 이렇다 할 노후 준비를 하지 못했다. 지금이야 다들 연금을 붓느니 펀드에 가입하느니 법석이지만 A 씨는 자녀 교육과 내 집 마련 때문에 노후 준비는 엄두도 못 냈다.

A 씨는 늦었지만 노후 준비 5년 완성 프로그램을 만들어 실행에 옮기기로 했다. 우선 지금까지 준비한 노후 수입원으로는 어떤 것

이 있고, 얼마나 되는지 궁금했다. 금융감독원의 통합연금포털에 들어가 국민연금과 개인연금의 예상 수령액을 확인했다. 퇴직 때 받게 될 퇴직금은 중간정산을 받아 1억 원가량 남아 있다. 노후 생활비는 현재 급여 수준의 70%인 350만 원을 원한다. 이 정도면 기본 생활비는 물론 어느 정도의 문화생활비와 경조사비 등을 해결할 수 있을 것 같다. 그러나 은퇴 초기 10년 간에는 해외여행을 다니고 용돈을 넉넉하게 쓰는 등 여유로운 생활을 하고 싶은데, 그러면 월 500만 원은 있어야 하지 않을까 생각한다.

5년 후 은퇴하면 A 씨 나이는 53세. 퇴직을 해도 취업 자리를 찾아볼 생각이지만, 일단 현재 준비돼 있는 것만 가지고 노후 부족 자금을 따져보기로 했다. 1970년생인 A 씨가 노후의 최대 버팀목으로 삼고 있는 국민연금은 65세가 되어야 수령이 시작된다. 월 130만 원이 나올 것으로 예상한다. 맞벌이를 하다 지금은 자녀 교육 문제로 집에서 쉬고 있는 아내도 65세부터는 국민연금 40만 원을 타게 된다. 원하는 생활비보다 330만 원이 부족하다. 이에 대한 재정 플랜을 세워야 한다. 우선 퇴직금 1억 원은 일시금으로 타지 않고 개인형퇴직연금(IRP) 계좌로 수령해 퇴직연금으로 전환하기로 했다. 퇴직연금을 10년 확정형으로 할 경우 수익률 2.5% 기준 한 달에 90만 원가량이 나오고, 그러면 240만 원이 모자라게 된다. 한편 은행에 가입한 개인연금 50만 원이 55세부터 10년 동안 나올 예정인데, 여전히 190만 원이 부족한 상태다.

은퇴 직후 10년을 풍요롭게 보내려면

그래도 A 씨에겐 비빌 언덕이 하나 있다. 거주 중인 아파트로, 시세가 6억 원 정도다. 60세부터 이 집을 담보로 주택연금을 받는다면 월 125만 원이 평생 나온다. 은퇴 초기에 생활비가 더 든다는 점을 고려해 전후후박(前厚後薄)형으로 하면 10년 동안 150만 원을 수령할 수 있다.

결국 노후 예상 생활비 500만 원에서 예상 수입을 뺀 최종 부족 자금이 월 40만 원 정도 됐다. 부족 자금 월 40만 원을 퇴직 후 기대 여명 30년, 물가 상승률 등을 고려한 실질수익률 3%를 기준으로 노후 전체 기간에 필요한 자금으로 환산했더니 약 1억 1,000만 원에 달했다. 퇴직 시점에 이 정도가 있어야 은퇴 초기 10년 동안 노후 생활비 500만 원을 부족함 없이 쓸 수 있다는 이야기다.

퇴직 때까지 5년 동안 1억 1,000만 원을 만들려면 수익률 5%, 물가 상승률 2%를 가정할 때 월 170만 원씩 저축해야 한다. 그러나 현재 수입에서 지출하고 남는 돈은 거의 없다. 추가 저축 여력을 창출하기 위한 예산을 짜야 한다. 그러려면 먼저 나의 재무 상태가 어떤지부터 살펴야 한다. 그런데 A 씨는 지금까지 가계부 한 번 쓰지 않아 월급이 어디에 어떻게 쓰이는지 파악해본 적이 없다. 월급의 사용처를 모른다는 것은 돈이 새는 구멍이 많을 수 있다는 뜻이다. 이 새는 구멍을 어떻게 찾아내느냐가 관건이다.

A 씨는 지난 한 달 동안의 수입·지출 내역을 살펴봤다. 부부와 대학생 자녀 둘을 합쳐 모두 네 식구가 A 씨의 급여 530만 원에 의

존하며 살고 있다. 지출 내역표도 만들었다. 그간의 방만한 소비 습관이 한눈에 들어와 얼굴이 화끈거렸다. 돈이 줄줄이 새는 구멍도 여럿 발견됐다. 가장 큰 구멍은 은행 대출금 상환이었다. A 씨는 2년 전 아파트 평수를 늘리면서 은행에서 1억 원을 빌렸는데, 매달 110만 원씩 원리금을 갚아나가고 있다. 또한 보유 중인 채권혼합형 펀드가 손실을 보고 있다. 이는 곧 높은 이율의 대출금으로 펀드에 투자해 손해를 보고 있는 셈이다.

A 씨가 채권혼합형 펀드에 투자한 것은 노후 자금을 불리기 위해서였다. 그렇지만 비합리적 투자 행태는 고쳐야 한다는 생각에 펀드를 정리하기로 했다. 펀드를 해지하면 8,000만 원 정도를 돌려받으니 대출금 대부분을 상환할 수 있다. 빚을 갚으면 가계의 현금 흐름이 좋아질 뿐 아니라 퇴직 후에도 노후 수입을 고스란히 지킬 수 있다. 다음 달부터는 원리금 상환 부담이 월 110만 원에서 20만 원으로 낮아진다.

그다음으로 손볼 곳은 보험료 지출 부분이다. A 씨는 그동안 친인척과 지인들의 권유로 여러 보험 상품에 가입했다. 그러다 보니 중복 가입했거나 과다 지출되는 보험료가 적지 않다. 무엇보다 실버보험은 사망 보장이 길지 않아 해지하는 것이 낫겠다는 생각이 들었다. 여기서 20만 원이 절약된다. 종신보험도 불필요한 특약을 해지하고 주계약을 감액하는 방법으로 보험료를 20만 원 줄이기로 했다.

이렇게 대출금 원리금 상환과 보험료 지출에서 130만 원의 새는 구멍을 찾아냈다. 여전히 월 저축액 170만 원을 만들기 위해선

40만 원을 더 짜내야 한다. A 씨는 고정 지출 항목에서 추가로 감축할 만한 것이 있는지 지난달 신용카드 사용 내역을 살펴봤다. 가족들의 통신비가 과다하게 나가고 있다는 사실에 깜짝 놀랐다. 요금할인제를 적용하고, 듣지 않는 음원 사이트를 정리하는 등의 조치로 통신비를 절반 가까이 줄였다. 생활비 중 식료품비도 줄일 여지가 많았다. 변동 지출 중엔 외식비가 감축 대상이다. 지금까지 주 1회 이상 외식을 즐겼지만, 앞으론 보름에 한 번꼴로 줄일 생각이다. 의료비나 문화비는 삶의 질을 해치지 않는 선에서 약간만 줄이기로 했다. 이런 식으로 고정 지출과 변동 지출 내역을 하나하나 뜯어 바로잡았더니 매달 170만 원을 절약할 수 있었다.

이런 식으로 지출 감축을 통해 절약한 돈을 저축하고 국민연금·퇴직연금·개인연금·주택연금을 동원하면 산술적으론 적어도 은퇴 초기 월 500만 원을 쓸 수 있는 노후 자금이 만들어진다. 물론 국민연금·퇴직연금·개인연금 간에 수령 개시 시기가 달라 연금 수입을 일정하게 가져가기가 어렵다. 개인연금과 퇴직연금은 55세부터 수령할 수 있지만 주택연금과 국민연금의 개시 연령은 각각 60세, 65세다. 만약 55세에 은퇴한다면 노후 내내 생활비 부족에 허덕일 수밖에 없지만 방법은 있다. 어떻게든 취업을 해서 은퇴 시기를 최대한 늦추고, 매달 가계 지출을 절약해 5년 동안 만든 1억 1,000만 원을 투자 상품에 굴려 이 돈이 더 불어날 시간을 벌도록 하는 것이다. 퇴직연금과 개인연금도 55세에 타지 말고 개시 시점을 늦추면 수령액이 더 늘어난다. 이와 함께 65세로 돼 있는 국민연금을 조기 수령하고 60세부터 주택연금을 전후후박형으로 가입하면 연금 수령 시기 불일치에 따른 자금 부족 문제를 쉽게 해결할 수 있다.

국민연금을 조기수령하게 되면 1년마다 6%씩 5년 기준 30%가 줄어든다. 이는 앞서 설명한 개인연금 타는 시기를 늦춰 받은 수령액과 목돈 투자로 불린 돈으로 충당할 수 있다. 이런 방법으로 하면 A 씨는 은퇴 초기 10년은 월 500만 원으로 풍족한 생활을 누릴 수 있고, 그 이후 10년은 비록 개인연금과 퇴직연금의 수령이 끝나지만 이때는 생활비가 은퇴 초기보단 덜 들어 무난히 생의 마지막 구간을 보낼 것으로 보인다.

'승수' 활용한 노후 자금 계산법

한편 노후 자금은 다른 방법으로도 계산해낼 수 있다. 노후 자금은 물가 상승률이나 투자 수익률, 기대 여명 등의 변수를 고려해 복잡한 계산 과정을 거친다. 물가 상승률이나 투자 수익률은 시장의 변동성과 경제의 불확실성 때문에 예측한다는 것이 무의미할 수 있다. 이 때문에 '승수'라는 개념을 도입해 노후 자금 계산에 적용하고 있다. 예컨대 연간 세후 수익률이 3%라면 승수는 3.3% 정도된다. 연간 노후 생활비를 이 승수로 나누면 퇴직 시점에 얼마가 필요한지 계산할 수 있다. 수익률별로 승수가 얼마인지를 정리한 표가 나와 있다. 물론 정확한 수치는 아니지만 대략적인 자금 규모를 파악할 수 있다.

우리나라에서도 미래에셋은퇴연구소가 '은퇴 자금 승수'라는 노후 자금 계산식을 제안하고 있다. 은퇴 자금 승수는 '일시금 승수'와 '월 적립 승수'로 나뉜다. 일시금 승수는 노후 준비에 필요한 일시금 또는 현재 보유한 노후 자금으로, 매월 인출 가능한 생활비를 계산하는 데 활용하는 값이다. 월 적립 승수는 은퇴 시까지 적립할 월 저축액을 계산할 때, 필요한 생활비에 곱하는 배수다. 예를 들어 30년(360개월) 치 노후 자금을 계산할 경우 월 생활비의 360배를 곱해야 하는데 여기에 각기 다른 노후 기간, 물가 상승률, 노후 자산 수익률 등을 고려해 만들어낸 값이 은퇴 자금 승수다.

일시금 승수표 (단위: 배)

노후 기간	물가 인상률	노후 자산 수익률	
		연 2%	연 5%
30년	연 1%	310	260
	연 2%	360	300
	연 3%	420	350

월 적립 승수표(노후 기간 30년, 물가 인상률 연 2%일 때) (단위: 배)

적립 기간	은퇴 이전 수익률	은퇴 후 수익률	
		연 2%	연 5%
30년	연 2%	1.3	1.1
	연 5%	0.8	0.7
	연 8%	0.7	0.5

A 씨의 부족한 월 생활비 40만 원(원하는 생활비-국민연금액-개인연금액-퇴직연금)을 예로 노후 자금을 계산해보자. 그에게 필요한 노

후 자금은 여기에 일시금 승수 300을 곱한 1억 2,000만 원(월 생활비 ×일시금 승수)이다. 일시금 승수는 남은 노후 기간(30년), 물가 상승률(연 2%), 노후 자산 수익률(연 5%)을 고려한 '은퇴 자금 일시금 승수표'를 참고하면 된다. 앞서 계산한 노후 자금 1억 1,000만 원보다 1,000만 원 많은 액수지만 둘 다 추정치이므로 의미 있는 차이는 아니다.

A 씨의 지출 감축 내역   (단위 : 원)

지출 항목	변경 전 지출 (A)	감축 방법	변경 후 지출 (B)
생활비	155만	식료품비 절약	148만
통신비	40만	할인요금제 적용 등	32만
자녀용돈	60만	자발적 감축	50만
보험료	70만	실버보험 해지/	30만
		종신보험 구조조정	
원리금 상환	110만	채권형펀드 매각	20만
재산세	10만	-	10만
적립식 펀드	20만	-	20만
고정 지출 합계	465만		310만
외식비	30만	외식비 횟수 감축	
문화 오락비	20만		20만
의류비 및 기타	15만	-	20만
변동 지출 합계	65만		50만
저축 여력(A-B)		170만	

2장

풍요로운
노후를 위한
자산 오래 쓰기 전략

은퇴 자산을 오래 쓰려면 노후 기간을 3등분해 기간별 바구니를 만들고, 각 바구니엔 성격이 다른 자산을 담는 것이 중요하다. 즉 은퇴 초기에 해당하는 첫째 바구니엔 안정성이 높은 현금성 자산을 담고, 시간이 갈수록 주식 같은 위험자산의 비중을 높이는 것이다.

자산을 오래 써야
장수도 기쁨이 된다

3년 전 국내 중견 기업에서 정년퇴직한 정모 씨는 올해 61세로 베이비부머 1세대다. 남들은 명예퇴직이다 뭐다 해서 정년이 되기 전에 회사를 떠나는 마당에 그는 '천수'를 누려 주위의 부러움을 샀다. 그러나 정작 노후 생활은 그리 편치 않다. 현역 때 노후 준비를 제대로 해놓지 않아 생활고를 겪고 있다. 하는 수 없이 은행에 넣어둔 퇴직금을 헐어 부족한 생활비에 보태 쓰고 있다. 하지만 퇴직금이 언제 바닥날지 몰라 불안한 나날이다.

은퇴 전에는 대개 노후에 쓸 돈을 모으는 데 힘을 쏟고, 은퇴 후에는 그렇게 모은 돈을 쓰면서 살아간다. 전 생애를 놓고 볼 때 은퇴 전을 '적립의 시기'라고 한다면, 은퇴 후는 '인출의 시기'라고 할 수 있다. 노후 생활의 질은 적립 못지않게 인출도 큰 영향을 미친다. 어쩌면 갈수록 수명이 길어지는 고령화 시대엔 적립보다는 인출이 더 중요해질 수도 있다.

적립은 짧고, 인출은 길다는 딜레마

노후 준비의 가장 큰 딜레마는 적립 기간은 짧고 인출 기간은 길다는 데 있다. 30~40년 동안 쓸 돈을 5~6년 만에 모아야 하는 셈이다. 그런데 대부분의 사람은 이렇게 모아놓은 돈을 오래 쓰는 데엔 별다른 고민을 하지 않는다. 그러다 퇴직이 임박해서야 얼마 안 되는 돈으로 장구한 세월을 살아야 한다는 현실에 고개를 떨군다. 만약 자산이 나보다 먼저 죽는다면, 나머지 생은 빈털터리로 살아야 한다는 걸 의미한다. 단기 노후 준비에서 '인출' 개념을 중시해야 하는 이유다. 노후 자금이 적어도 나보다 오래 살게 하는 인출 작전은 노후 준비의 성패를 가늠하는 변수다.

인출 전략은 연령, 인출 기간, 운용수익률, 물가 상승률, 은퇴 자금, 생활비 등을 종합적으로 살펴 인출률을 얼마로 할 것인지가 관건이다. 이들 변수를 고려하면 은퇴 자금이 언제쯤 고갈될 것인지 답을 구할 수 있다. 올해 61세인 정 씨가 퇴직금 2억 원을 연 2.5%의 수익률로 운용한다고 할 때, 고갈 시점을 예측해보자. 퇴직금 2억 원이 노후 자금의 역할을 한다고 볼 수 있다. 변수를 따져보기 위해 먼저 노후 생활비를 보자. 보통 노후 생활비는 은퇴 전 생활비의 70%가 소요된다. 정 씨는 은퇴 전 생활비로 300만 원을 썼으므로 노후 생활비는 210만 원으로 추정할 수 있다. 2017년부터는 국민연금이 매달 100만 원씩 나온다. 기본적인 생활비는 국민연금으로 마련하고 부족한 110만 원은 노후 자금에서 빼다 쓴다고 하자. 연간으로 보면 인출률은 6.6%(110만×12÷2억) 정도다. 생활비와 국민연금 수령액은 매년 물가 상승률만큼 늘어나고 생활비로 쓰고 남은 노후 자금은 연 2.5%의 수익률로 재투자되는 것으로 가정한다. 이 경우 정 씨의 노후 자금은 11년 만에 몽땅 사라진다. 73세부터는 국민연금만 가지고 생계를 꾸려갈 수밖에 없는 것이다.

이때 자금 고갈을 막는 방법에는 여러 가지가 있다. 생활비를 줄이든가, 운용수익률을 높이든가, 아니면 인출률을 낮추든가 해서 인출 금액을 조절하는 것이다. 물론 노후 자금은 그리 쉽게 사라지지 않는다. 인출되고 남는 노후 자금은 계속 재투자할 수 있어서다. 이때의 수익률과 기간에 따라 인출을 해도 자금의 생명은 얼마든지 연장할 수 있다. 유입량이 유출량보다 많으면 저수지에 언제나 물이 찰랑거리는 것과 같은 이치다.

자산설계 전문가들은 노후 자금의 적정 인출률을 연 4% 내외로 본다. 이 비율을 웃돌면 자금의 조기 고갈 가능성이 커지고 밑돌면 그 반대라는 이야기다. 그러나 이를 무턱대고 따를 수는 없다. 시장이라는 변수가 있기 때문이다. 퇴직 시점에 시장이 내리막길인데도 4% 룰을 적용하면 노후 자금이 바닥을 보이는 건 시간문제다.

퇴직 전 노후 자금을 만들기 위해 적립할 때는 기간이 짧기 때문에 투자보다는 저축으로 해결하는 것이 유리하다. 그러나 인출 시기에는 다르다. 30년이란 세월은 주식이나 펀드 같은 위험자산에 투자하여 성과를 내기에 충분하다. 설사 원금이 깨진다 해도 회복되길 기다려볼 만한 시간이다. 투자는 위험하다며 외면하고 은행 예금을 중심으로 자금을 운용하는 사람들도 많다. 하지만 안정성 위주의 자금 운용도 물가 상승을 고려할 때 위험하기는 마찬가지다.

노후에는 자산을 다소 공격적으로 운용해야 조기 소진을 막을 수 있다. 과거 은퇴 후 짧은 여생을 보내던 때에는 투자가 권장할 만한 대안이 아니었다. 위험을 녹일 수 있는 시간이 충분치 않아서다. 그러나 앞서 말했듯이, 지금은 퇴직하고도 30년 가까이 살아야 하며, 위험은 시간 앞에서 나약해진다. 게다가 지금은 저금리 시대가 아닌가. '안전한 것'만 좋아하다간 노후 자금이 일찍 사라져 '무전장수'를 각오해야 한다. 모자라는 노후 생활비는 기어를 투자로 변환해 마련하는 것이 옳다.

자산 오래 지켜주는 '심적 회계'

'심적 회계'를 이용하면 자산을 오래 지킬 수 있다. 심적 회계란 마음속에 회계장부를 만드는 것을 말한다. 그런데 심적 회계는 비합리적으로 관리되기 십상이다. '이 돈은 피땀 흘려 번 돈이니까 아껴 써야지', '연말정산으로 세금을 돌려받아 공돈이 생겼으니 여행이나 갈까?' 하는 식이다. 심적 회계는 이처럼 낭비의 원인이 되기도 하지만 잘만 활용하면 노후 준비에 도움을 주기도 한다. 양날의 칼인 심적 회계를 유리하게 작동하려면 어떻게 해야 할까?

잠깐 퀴즈 하나 내겠다. 뮤지컬을 보려고 예술의 전당에 도착했다. 관람료는 10만 원. 그런데 지갑을 열어보니 10만 원을 어디선가 잃어버렸다는 사실을 알게 됐다. 그래도 입장권 살 돈은 남아 있다. 뮤지컬을 꼭 보고 싶다면 10만 원을 지불하고 입장권을 사야 할까? 상황을 이렇게 바꿔보자. 예술의 전당에서 공연하는 뮤지컬을 보기 위해 10만 원짜리 입장권을 미리 사두었다. 그러나 공연 당일 예술의 전당에 도착해 호주머니를 살펴보니 입장권을 잃어버렸다. 10만 원을 지불하고 입장권을 다시 사야 할까?

두 상황은 본질적으로 차이가 없다. 뮤지컬을 꼭 보고 싶다면 10만 원을 다시 투자해야 한다. 그런데 사람들은 각 상황에 대해 다르게 대처한다. 전자에 대해선 사겠다는 답변이 많았고, 후자는 그런 답변이 훨씬 적었다. 왜 그럴까? 사람들의 마음속에 '뮤지컬 관람 계정'과 '현금 계정'이 따로 존재하기 때문이다. 전자의 잃어버린 10만 원은 현금 계정이어서 뮤지컬 관람을 위한 추가 지출 정도로 받아들이고 기꺼이 10만 원을 지불한다. 그러나 후자는 뮤지컬 관람 계정에서 입장권이 빠져나간 것이니 똑같은 입장권을 두 번 사는 결과라고 받아들인다. 이것이 바로 심적 회계가 작동하는 방식이다.

심적 회계는 경제학과 심리학을 융합한 행동경제학자들이 주장한 이론이다. 이들에 따르면 많은 사람이 돈을 구분해서 생각한다. 기업이 회계장부를 작성하는 것처럼 사람도 마음속 회계장부를 가지고 돈마다 서로 다른 의미를 부여한다는 것이다. '생활비 계정', '저축 계정', '기타 계정' 같은 방식으로 말이다. 따라서 같은 돈이라도 그 돈을 어떤 계정으로 분류하느냐에 따라 소비의 의사 결정이 달라진다. 기타 계정에 있는 돈은 부담 없이 쓰지만 생활비 계정에 있는 돈은 아낀다. 대개 쉽게 번 돈은 기타 계정으로, 어렵게 번 돈은 생활비 계정으로 향한다. 연말정산 환급금이나 성과급이 쉽게 번 돈의 예인데, 이 돈은 기타 계정으로 들어가 순식간에 사라진다.

이런 심적 회계는 실생활에서 비합리적인 행동으로 이어지기도 한다. 대표적인 것이 예금계좌에 돈이 있으면서 신용카드 빚을 갚지 않는 행위다. 예금 이자는 기껏해야 2% 내외고 신용카드 이자는 17% 가까이 된다. 예금으로 신용카드 빚을 갚으면 연 15%의 차익거래 기회가 생기는데도 상당수 가정에서 그렇게 하지 않는다. 예금을 마음속 저축 계정에 넣어두고 있기 때문이다. 저축이란 이름이 붙으면 좀처럼 꺼내 쓰려 하지 않는 것이다. 또 신용카드 빚을 갚으려고 빠져나간 예금을 바로 메우지 않으면 큰 피해가 돌아올 것이라고 걱정한다. 결제할 때도 비슷한 현상이 발생한다. 구매한 물건에 대해 현금으로 지불하지 않고 신용카드로 결제할 경우, 그 비용을 상대적으로 가볍게 여기는 경향이 있다. 이는 돈이 내 수중에서 나갔다는 생각이 덜하기 때문이다.

주식이나 펀드 투자도 이런 심적 회계의 영향을 받는다. 어떤 투자자가 A 회사 주식을 주당 20만 원에 샀는데, 주가가 25만 원까지 오르다가 내리기 시작하더니 급기야 매입가를 밑돌게 됐다고 하자. 이 투자자는 A 회사 주식을 팔 수 있을까? 커다란 악재가 터지지 않는다면 이 투자자는 어지간해선 팔지 못한다. 마음속 회계장부에 5만 원의 이득을 봤다는 사실이 기록돼 있어 언젠가는 주가가 매입가를 웃돌 것이란 막연한 기대가 있기 때문이다. 한 증권사가 적립식 펀드 투자자들을 대상으로 설문조사를 했더니 절반 이상이 투자 목적을 '노후 준비'라고 답했고, 적정 투자 기간은 3.3년으로 나타났다. 그러나 최근 1년 이내에 적립식 펀드를 환매한 이들을 대상으로 실제 투자 기간을 조사한 결과 평균 1년 10개월로 2년이 채 안 됐다. 투자자들은 대개 수시로 수익률을 확인하면서 마음속으로 회계장부를 작성하는데, 그러다 보면 장기 보유하겠다는 애초 계획이 헝클어지는 것이다.

'필수 계정'과 '여유 계정' 분할의 효과

돈을 쓸 때마다 미래를 생각하고 내 자산의 변동 상황을 일일이 고려할 수 없기 때문에 심적 회계를 사용하는 건 불가피하다. 심적 회계는 합리적 경제 행위를 방해하는 요소다. 그러나 심적 회계는 말 그대로 마음속 장부다. 마음속 장부이기 때문에 쉽게 바꿀 수 있다. 예컨대 보험이 만기가 되어 목돈이 생겼다면 '기타 계정' 대신 '유예금 계정'에 넣어보자. 기타 계정의 돈은 공돈이라고 생각해 흐지부지 써버리지만 유예금 계정의 돈은 소비를 연기하게 된다. 그렇게 3~4개월 기다리다 보면 공돈이 소중한 재산으로 바뀐다.

신성불가침 영역인 '심적 노후 계정'을 만드는 것도 좋은 방법이다. 노후 계정은 소비보다는 장기 저축이란 인식이 강해 함부로 손을 대지 않는다. 연금저축이나 퇴직연금에서 일부 인출이 일어나기도 하지만, 그 규모가 얼마 되지 않고 몇 년 안에 상환되는 걸 보면 심적 노후 계정의 소비 억지력이 얼마나 강력한지 알 수 있다.

노후 자산을 심적 회계에 따라 노후 생활의 목적에 맞게 배분하는 것도 자산의 수명을 연장하는 방법이다. 그러니까 노후 생활비를 '필수 생활비 계정'과 '여유 생활비 계정'으로 나눠 배분한 후 각 용도에 맞게 찾아 쓰는 것이다. 식료품비, 주거비, 세금, 교통비, 기본 의료비, 통신비 등 기본적이고 계속적인 생활에 필요한 소비 항목들은 필수 생활비 계정에 집어넣는다. 필수 생활비는 3층 연금, 임대수입 등 안정적이고 지속적인 현금흐름을 창출하는 자산으로 충당하는 것이 좋다.

여유 생활비는 그 속성상 사정이 허락하면 좀 더 많이 쓰고 여의치 않으면 잠시 줄여 쓸 수 있는 자금이다. 여유 생활비에 해당하는 여행비, 유흥·오락비, 도서 구입비 등은 국내외 주식과 채권, 부동산과 같은 투자자산에 배분하는 방법을 추천한다. 수익이 많이 났을 때는 좀 더 넉넉하게 쓰고, 그렇지 않으면 해당 지출을 줄이면 된다.

[노후 준비 필살기] 노후 자금 인출 '4% 룰' 적용법

20여 년 전 캘리포니아 남부에서 재무관리사로 일하던 윌리엄 벤젠은 금융 시장 데이터를 활용해 연구한 끝에 '4% 룰'을 내놓았다. 4% 룰은 퇴직 첫해 노후 자산의 4%를 인출액으로 삼고 이듬해부터는 물가 상승률을 고려해 인출하는 방법으로, 이렇게 하면 노후 자산을 30년 이상 유지할 수 있다는 분석이다. 이후 4% 룰은 큰 관심을 받았고 지금까지 널리 활용되는 노후 자산관리 법칙이 됐다.

벤젠은 4% 룰을 고안할 때 미국 주식과 국채에 절반씩 투자하는 포트폴리오를 기준으로 인출률을 분석했다. 1926년부터 연도별로 인출을 시작할 때 노후 자산이 소진되기까지가 분석 대상 기간이었다. 그랬더니 최악의 경우 33년 만에 노후 자산이 소진되는 것으로 나타났다. 그 외 대부분은 노후 자산 소진 시점이 50년을 넘겼다. 주식에 전혀 투자하지 않았을 때는 30년 이내로 단축됐다.

4% 룰은 20여 년간 활용되면서 중도에 여러 도전을 받았다. 예를 들어 투자 시장의 호시절에는 인출률이 낮다는 평가를, 그 반대일 때는 너무 높다는 평가를 받았다. 4% 룰을 고안한 벤젠 역시 나중에 주식과 채권 이외에 부동산이나 대체 투자 등에 잘 분산된 포트폴리오를 활용하면 인출률을 4%보다 더 높일 수 있다고 주장했다. 최근에는 4%라는 일정률 대신 개인별로 3~5.5% 수준에서 인출률을 정하자는 의견도 나온다.

그럼에도 4% 룰은 여전히 효과적인 방법으로 칭송받는다. 4%를 처음 인출률로 삼아도 그리 나쁜 결과가 나타나지 않기 때문이다. 여기에 다른 자산배분 방식을 보완해 사용한다면 노후 자산을 더 효율적으로 관리할 수 있다.

알짜 자산배분,
안전자산에서 위험자산으로

가계 자산을 운용할 때는 사람의 힘으로 조절할 수 있는 요인에 집중하는 것이 바람직하다. 이를테면 지출 내역에서 돈이 새는 구멍을 찾아내 절약하고, 이 돈을 저축하는 식이다. 저축 대상은 은행 예금에서 주식·펀드 등 투자자산까지 무궁무진하다. 노후 자금은 까먹어서는 안 되는 돈이다. 그렇다고 원금 사수만 고집하다간 노후 곳간이 일찍 바닥을 드러낼 수도 있다. 노후 자금은 어떻게 굴려야 할까?

주식이나 펀드 투자에 나서자니 시장의 불안한 움직임이 마음에 걸리고 은행 예금이나 채권 위주로 운용하자니 수익을 포기해야 하는 게 은퇴 준비의 딜레마다. 특히 시장 하락이 퇴직 시기와 맞물리면 상당한 재정적 어려움을 각오해야 한다. 원금이 깨져 노후 생활비 조달에 문제가 생길 수 있다. 돈을 모으고 투자하는 현역 시절엔 손실이 나도 회복할 여유가 충분히 주어진다. 하지만 소득 흐름이 확 줄어드는 노후엔 그럴 여유가 없다. 투자에서 50% 손실이 났다면 50%가 아니라 100% 상승해야 원금을 회복한다. 그만큼 한번 깨진 원금을 되찾는 데엔 시간적·경제적 노력이 많이 든다는 의미다. 생활비도 겨우 마련하는 상황에서 투자 손실을 만회하고 수익을 낸다는 것은 불가능에 가깝다. 게다가 노후 생활 초기의 자산 상태가 죽을 때까지 삶의 질을 좌우한다는 점도 염두에 둬야 한다. 그 시기에 인출이 많고 자산 수익률이 저조하면 자산의 고갈 시점이 앞당겨져 노후의 상당 기간을 가난하게 살아야 한다. 노후 자금의 운용은 현역 때의 자산 축적과 다른 접근이 필요하다는 이야기다.

투자자산의 으뜸은 주식

그래서 대안으로 제시되고 있는 것이 '자산배분'이다. 한곳에 '몰빵'하지 않고 가진 돈을 쪼개 여러 자산에 투자하는 기법이다. 자산배분 이론은 지난 1980년대 중반 이후 혜성같이 등장한 후 여러 시행착오를 겪으며 진화하고 있다. 초기엔 시장 상황에 따라 자산배분 비율을 조절하는 방식이 주류였지만, 최근엔 고객의 개별적 성향에 따른 맞춤형이 인기를 끌면서 노후 설계의 핵심 기법으로 자리 잡고 있다.

투자자산은 크게 채권, 주식, 부동산 세 가지로 나눌 수 있다. 이들 자산이 매력적이냐 아니냐는 수익률로 따질 수 있다. 10년 만기 국고채 금리가 2.6%라고 하면 이 채권의 수익률이 2.6%란 뜻이다. 부동산은 월세로 평가한다. 서울 서초동의 전용면적 84제곱미터형 아파트는 9억 원에 시세가 형성돼 있다. 이 아파트의 월세는 보증금 1억 원에 200만 원이라고 한다. 아파트 주인의 연간 수입은 2,400만 원(200만 원×12)과 1억 원의 은행이자 150만 원(1년 만기 정기예금 금리 1.5% 기준)을 합한 2,550만 원이다. 9억 원의 아파트에서 연 2,550만 원의 임대수입이 생기는 거니까 수익률은 2.8% 정도다.

주식의 수익률은 주가수익비율(PER)로 환산할 수 있다. PER은 주당순이익을 주가로 나눈 것이다. 예를 들어 어떤 기업의 PER이 14라면 현재 주가가 1주당 순이익의 14배라는 얘기다. 증권 시장에 상장된 A 기업의 주당 수익 창출력이 1인데 이 기업의 주식은 시장에서 그 14배 값으로 거래되고 있다는 뜻이다. 결국 이 기업의 투자자는 14를 투자해 1년에 1의 이익을 얻는다는 말이다. 수익률로 환산하면 약 14분의 1인 7%다. 그러니까 PER의 역수가 투자 수익률이 된다. 2016년 2분기 실적 기준 국내 증시의 PER은 9.4배이므로 주식 수익률은 10.1%다. 수익률로만 따지면 주식은 다른 어떤 자산보다 매력적이다. 장기적인 자산 운용에서 포트폴리오에 주식을 반드시 포함시켜야 하는 게 이 때문이다.

그런데 주식은 변동성이라는 치명적 약점이 있다. 높은 수익을 올리려면 폭풍우가 몰아치는 바다처럼 변덕이 심한 시장을 이겨내야 한다. 거친 바다를 항해하려면 튼튼한 배를 이용해야 하듯이 투자의 세계에선 안전성을 보강해 위험을 누그러뜨려야 한다. 구체적으로 말하자면, 자산을 이것저것 섞는 '하이브리드'란 배를 만드는 것이다. 하이브리드란 특정 목적을 달성하기 위해 두 가지 이상의 기능이나 요소를 결합한 것을 의미한다. 서로 다른 요소의 장점만을 선택해 합친 것이니 성능이나 경제성이 뛰어나다. 전기 모터와 엔진을 사용해 효율을 높인 하이브리드 자동차를 생각하면 이해하기 쉬울 것이다.

시장 위험에 대처하기 위한 자산의 하이브리드는 주식과 채권, 부동산, 원자재 등 상품을 적당한 비율로 섞은 것이다. 2016년에는 미국의 금리 인상 가능성 등 대외 변수로 글로벌 증시가 요동을 치면서 자산배분 상품이 진가를 발휘했다. 펀드평가사 에프앤가이드에 따르면 해외 자산배분 펀드는 연초 이후 수익률 2.5%로 같은 기간 해외혼합형 펀드(1.3%), 해외 주식형 펀드(2.2%)보다 좋은 성과를 냈다.

사실 자산배분은 역사가 비교적 짧은 투자 개념이다. 1980년대만 해도 투자 수익에서 가장 중요한 것은 타이밍이나 종목 선택이었다. 그런데 미국의 증권 분석가인 게리 브린슨이 90개 이상의 선진국 연기금 수익률을 10년간 분석한 결과 장기 투자 수익률의 90% 이상이 자산배분의 영향이었다고 밝혔다. 그 밖에는 종목 선정이 4.2%, 매매 타이밍이 1.7%였다. 종목을 잘 찍어 싸게 사서 비싸게 파는 것이 투자의 전부인 줄 알았는데, 그게 아니라는 것이다. 자산배분 이론은 투자자들에게 엄청난 충격을 주었다.

이후 자산배분을 둘러싸고 많은 논쟁이 있었고, 비판도 나왔다.

하지만 자산배분이 미치는 영향력의 비율에만 차이가 있었지, 그 중요성을 부인하는 연구 자료는 아직 발표되지 않았다.

최선의 자산배분 포트폴리오

자산배분의 원리는 간단하다. 다양한 자산이 가지고 있는 '경합성'을 이용해 위험을 낮추는 것이다. 예를 들어 서로 다른 나라에 투자하면, 시장 하락이나 경기 침체가 각기 다른 시기에 발생하기 때문에 분명히 위험을 감소시킬 수 있다. 또 경제 상황의 변화가 부동산이나 주식, 채권에 미치는 영향이 다르기 때문에 이들 자산을 섞어놓으면 포트폴리오의 가치는 크게 변동하지 않는다. 그래서 음의 상관계수를 가지고 있거나 낮은 상관계수를 가지고 있는 자산군으로 포트폴리오를 짜면 더 낮은 위험을 부담하면서 나중에 더 높은 수익을 거둘 가능성이 커진다.

주식의 변동성만 보는 투자자는 채권에 머물러 있고 주식의 수익성만 보는 투자자는 대박의 헛된 꿈을 꾼다. 자산배분은 이런 양극단 사이에서 현실적이고 합리적인 중도의 길을 제시한다. 게다가 장기 투자를 통한 복리의 힘까지 빌리면 실질적으로 자산가치를 증대시킨다. 은퇴 설계는 안정성도 중요하지만 어느 정도 수익성도 필요하므로 자산배분과 '찰떡궁합'이라 하겠다.

주요 자산의 상관계수

두 지표		상관계수
코스피 상승률	소비자 물가 상승률	-0.48
코스피 상승률	회사채 수익률	-0.24
코스피 상승률	전국 아파트가격 상승률	-0.19
전국 아파트가격 상승률	소비자 물가 상승률	-0.13
전국 아파트가격 상승률	회사채 수익률	0.34
회사채 수익률	소비자 물가 상승률	0.34

•상관계수가 플러스이면 두 자산의 가치가 같은 방향으로 움직이고, 마이너스이면 반대 방향으로 움직인다는 뜻이다. 자산배분 효과를 높이려면 상관계수가 작거나 마이너스가 되도록 포트폴리오를 구성해야 한다. (자료: 한국은행)

　노후 자금은 자산배분을 어떻게 하는 것이 효과적일까? 전문가들은 노후 기간별로 시장의 변동성을 고려하라고 조언한다. 노후 기간을 3등분하여 바구니를 만들고, 기간별로 성격이 다른 자산을 투입하는 것이다. 인출 초기엔 바구니에 안전성이 높은 자산을 담고, 시간이 갈수록 위험자산의 비중을 높이는 것이 노후 기간별 자산배분의 요체다. 투자 기간이 길어지면, 이에 비례해 인플레이션의 압력이 커지기 때문에 위험자산으로 대비하는 것이다. 실제로 미국 펜실베이니아대학교 와튼스쿨 교수이자 세계적인 주식 투자 전략가인 제러미 시걸은 미국의 주식과 국채 보유 기간별 변동성과 수익률을 실증적으로 분석했다. 그 결과 주식을 10년간 보유하면 변동성이 국채보다 현저히 낮아지며, 17년을 넘어가면 주식 투자로 손실을 볼 확률은 거의 제로에 가까워진다는 결론을 얻었다.

노후 기간별 자산 바구니 만들기

	1호 바구니	2호 바구니	3호 바구니
은퇴 후 1~5년	CD, 국채 등 현금성 자산		
은퇴 후 6~15년		주식+채권 (단, 채권>주식)	
은퇴 후 16년 이후			주식, 주식형 펀드

구체적으로 이야기하면 은퇴 후 1년부터 5년까지는 자금의 안정성과 유동성이 중요하므로 양도성예금증서(CD)나 국채 같은 현금성 자산으로 채운 바구니를 이용한다. 이 첫 번째 바구니는 원금을 보장하면서 나머지 바구니 속의 자산이 불어나는 시간을 벌게 해주는 게 임무다. 다음은 은퇴 후 6년부터 15년까지 10년 동안 쓸 두 번째 바구니다. 은퇴 후 최소 몇 년간은 이 바구니를 쓸 일이 없

으므로 앞 단계보다 좀 더 공격적인 자산 운용을 할 수 있다. 채권 비중을 크게 해 주식과 섞어 담는다. 시장의 변동성을 누그러뜨리는 시간적 여유를 가지면서 원금을 키우는 효과를 기대할 수 있다.

마지막으로 은퇴하고 나서 16년 이후를 위한 바구니다. 은퇴 후 15년까지는 이 바구니를 건드리지 않아도 되기 때문에 매우 공격적인 투자가 가능하다. 주식이나 주식형 펀드 위주의 포트폴리오로 바구니를 꾸린다. 15년이란 세월은 시장 변동의 위험을 충분히 이겨낼수 있다. 만약 첫째 바구니의 자산을 5년 안에 다 써버렸다면 둘째 바구니에서 자산의 일부를 옮겨 충당하고, 둘째 바구니의 구멍은 셋째 바구니의 자산을 이전시켜 메울 수 있다. 다행히 시장이 좋아 각 바구니의 자산 크기가 커진다면 이런 재분배는 불필요할 것이다.

앞에서 소개한 A 씨의 사례로 노후 기간별 자산배분을 알아보자. 연금 재원은 시장의 등락에 영향을 받지 않는다. 문제는 월 170만 원씩 5년 동안 저축해 조성한 노후 자금 1억 1,000만 원이다. 은퇴 시점에 시장이 좋으면 다행이지만 그렇지 않으면 노후 계획에 차질이 빚어진다. A 씨는 이 돈을 세 개의 투자 바구니에 나눠 관리하는 것이 좋을 것이다.

먼저 돈이 많이 드는 초기 5년 동안은 배분 비중을 높여 노후 자금 3,000만 원(월 노후 생활비 부족액 30만 원×12×5+1,200만 원)은 현금이나 현금성 자산 형태로 첫째 바구니에 넣기로 했다. 또 은퇴 6년부터 15년까지 10년 동안의 중기 자금은 3,600만 원(월 노후 생활비 부족액 30만 원×12×10)을 쓰기로 하고 채권과 주식을 사 둘째 바구니에 넣기로 했다. 나머지 후기 노후 자금 4,400만 원은 주식이나 주식형 펀드를 구매해 셋째 바구니에 담을 계획이다.

자산 바구니를 이용하여 노후 자금을 운용하는 방법은 돈이 많은 자산가에게도 유용하다. 이 경우 기간이 아닌 자금 용도별로 바구니 세 개를 만들어 인출해나가는 것이 효과적이다. 첫째 바구니는 기본적인 생활 자금용, 둘째 바구니는 해외여행 등 여유 있는 생활 자금용, 셋째 바구니는 상속 재원 마련용 등으로 할 수 있다. 운용 대상 자산은 노후 기간별 자산배분의 경우처럼 셋째 바구니로 갈수록 주식 같은 고위험자산의 비중을 늘려가면 된다.

알아서 척척 굴려주는
'타깃데이트펀드(TDF)'가 뜬다

노후 자산은 모으는 것도 중요하지만 한번 모으면 오래 쓸 수 있도록 갈무리해야 한다. 그러므로 노후 자산을 투자할 때는 원금을 지키면서 수익도 추구하는 게 중요하다. 안정성과 수익성이란 두 마리 토끼를 잡아야 한다는 뜻이다. 그런데 둘은 이율배반적이다. 안정성을 위해선 수익성을 희생해야 하고, 수익성만 따지면 안정성은 물 건너간다. 특히 어렵사리 축적한 노후 자금을 사용하기 위한 출구 전략이 시장의 변동성으로 실패하면 노후 생활에 막대한 지장이 생긴다.

앞에서 자산배분을 하면 노후 자산을 안전하게 관리할 수 있다고 했다. 그러나 어디 자산배분이 말처럼 쉬운가. 그것도 어느 정도 시장을 예측해야 가능한데, 정보에 어두운 개인 투자자한테는 어림없는 일이다. 시장 상황에 따른 자산배분 비율 등은 전문가의 영역이다. 단, 방법이 없는 건 아니다. 펀드 상품을 통해 간접적으로 자산배분을 맛보는 것이다.

최근에 주목받기 시작한 '타깃데이트펀드(TDF: Target Date Fund)' 가 투자자들의 가려운 곳을 긁어주는 금융 상품이다. 이름 그대로 '날짜를 겨냥한 펀드'라는 뜻인데, 여기서 날짜는 은퇴 시점을 가리킨다. TDF는 한마디로 은퇴 시점을 기준으로 한 '생애 주기별 자산배분' 방식이다. 미국에선 이미 시장이 1,000조 원 규모로 커지는 등 해외에선 주요 노후 자금 투자 수단 중 하나가 됐다. 가입자가 신경 쓰지 않아도 노후 자금을 알아서 굴려주기 때문에 인기를 끌고 있다는 분석이다.

TDF, 미국에선 1,000조 시장

TDF는 가입 당시 정한 은퇴 시점이 가까울수록 포트폴리오에 편입되는 자산이 보수적으로 변하도록 설계해놓은 초장기 혼합형 펀드다. 가령 은퇴 시점을 55~60세라고 가정했을 때 1990년생인 20대가 TDF펀드에 가입한다고 하면 초반에는 주식 비중이 80%에 달하지만 은퇴 시점이 10년 남은 시점에서는 55%, 은퇴 시점에서는 33%로 줄어든다. 1970년생인 40대가 가입하면 은퇴 잔여 기간이 15년 정도 남아 있기에 주식 비중을 66%부터 시작한다. 물론 연령과 관계없이 공격적인 투자를 원한다면 주식 비중이 높은 상품을 선택해도 무방하다. 목표 날짜에 납입이 끝나는 '퇴직 목표형'과 목표 날짜 이후에도 자산이 보수적으로 운용되는 '퇴직 후 소득 추구형'두 종류가 있다. 기대 수명이 늘면서 퇴직 후 소득 창출과 소비에 대한 고민이 반영된 결과로 보인다. 퇴직 후 소득 추구형은 퇴직 목표형보다 주식 비중이 크다. 인플레이션에 따른 구매력 감소에 대비하기 위해서다.

미국의 경제잡지 〈포브스〉는 TDF를 자동차 기어 변속기에 비유했다. 수동 변속기는 운전자의 운전 습관이 좋으면 에너지가 절감되는 장점이 있지만, 도로 지형이나 운전 숙련도에 따라 운전하기 힘든 단점이 있다. 이에 반해 자동 변속기는 누구나 손쉽게 운전할 수 있지만 연비가 나쁘다. TDF는 값은 좀 비싸지만 자산배분의 어려움을 쉽게 해결해주는 자동 변속기다. 투자자가 지속적인 관심을 가지고 수시로 투자 패턴을 변경하거나 펀드를 교체할 수 있다면 TDF를 선택할 이유가 없다.

TDF에서 자동 변속기에 해당하는 것이 자산배분 프로그램인 '글라이드 패스(Glide Path)'라는 것이다. 이는 원래 항공 용어로 비행기가 착륙할 때 내려오는 속도와 경로를 의미한다. 젊을 때 공격적이던 투자 패턴이 은퇴 시점에 접근할수록 보수적으로 바뀌므로 이에 맞춰 자산배분을 한다는 의미다. 예를 들어 은퇴 시점을 2020년에 맞춘 TDF2020펀드는 TDF2040펀드에 비해 국채 같은 안전자산에 더 높은 비율로 투자한다. TDF2040펀드는 가입자들의 은퇴 시점이 상대적으로 멀리 떨어져 있어 주식 투자 비중을 높여 공격적으로 운용한다.

자동 변속기처럼 자동으로 자산배분

TDF가 가입 연령이 이를수록 초기 자산 구성에서 주식 비중을 크게 하는 이유는 가입자의 소득 구성 요소가 변하기 때문이다. 근로자의 퇴직 전 소득은 보유하고 있는 금융자산과 미래 근로소득의 합으로 단순화할 수 있다. 미래 근로소득의 현재가치는 일종의 인적 자산으로 일정한 수입이 지속적으로 발생한다는 점에서 채권에 투자하는 것과 같다. 연령이 낮은 가입자는 금융자산보다 채권 성격의 인적 자산이 크기 마련인데, 생애소득 관점에선 지나치게 보수적인 자산 운용이다. 그래서 주식 비중을 높여 수익성을 보강하는 것이다. 연령이 높아지면 인적 자산은 한계를 체감하게 되므로 금융자산을 늘려야 한다. 금융자산의 규모가 증가할수록 시장 위험에 노출되는 정도가 커지므로 주식을 줄이고 채권 같은 안전 자산 위주로 구성하는 것이다.

TDF는 1990년대 중반 미국에서 처음 출시됐다. 초반에는 별로 주목을 받지 못했으나, 고령화가 진행되면서 그 유용성을 인정받아 인기를 끌고 있다. 2006년 연금보호법이 제정되고 디폴트 옵션(Default Option) 제도가 도입된 이후 성장세가 두드러졌다. 디폴트 옵션이란 가입자가 운용 지시를 하지 않아도 펀드회사가 자체 투자 전략에 따라 자산을 운용해주는 제도를 말한다. 고객의 운용 지시 없이 자동으로 자산배분을 하는 TDF는 디폴트 옵션 도입이 필수적이다. 보수적 운용 전략을 취하는 상품이 90% 이상이던 미국의 퇴직연금도 이 제도가 본격 시행되면서 TDF 비중이 78%까지 높아지는 혁신적인 변화가 나타났다.

한국에도 TDF 시대가 곧 열릴 것으로 보인다. 이미 미국의 TDF 가 한국에 상륙했으며, 몇몇 증권사가 '한국형 TDF'라는 이름을 붙여 판매하고 있다. 2016년 4월 한국형 TDF를 판매하기 시작한 삼성증권은 1년 6개월 만에 2,500억 원이 넘는 판매 실적을 올렸다. 증권사 전체로는 5,000억 원 정도의 시장 규모다. 앞으로는 한국형 TDF가 국내 은퇴 시장의 판도를 흔들 가능성이 크다. 그동안 퇴직연금에 허용되지 않던 디폴트 옵션 제도가 조만간 도입되고, 자산배분 펀드에 대한 규제도 풀릴 것이기 때문이다. 그러면 국내 증권사들도 TDF를 직접 개발할 수 있게 돼 연금 시장이 한 단계 더 발전하는 계기가 될 것이다.

[노후 준비 필살기] TDF Q&A

Q. TDF의 종류가 많은데, 선택하는 방법은?

A. 상품마다 은퇴 시점을 알려주므로 자기에게 해당하는 걸 고르면 된다. 이를테면 TDF2020은 2015~2020년 은퇴자를, TDF2030은 2025~2030년 은퇴자를, TDF2035는 2030~2035년 은퇴자를 위한 펀드를 말한다. 세계적인 자산운용사 피델리티의 2020펀드는 주식 비중이 48%, 현금 비중이 11%인데 2050펀드는 현금 비중이 2%, 주식 비중이 70%로 대조적이다.

Q. 수익률은 어느 정도인가?

A. 가입자들은 수익률을 가장 눈여겨본다. 하지만 TDF는 은퇴 후 20~30년이 중요하다. 그래서 수익률만큼 중요한 것이 오랫동안 큰 손실 없이 안정적으로 운용되느냐 하는 점이다. 해외에서 최근 출시된 TDF 상품의 수익률은 최근 10년간 연평균 5% 안팎, 최근 5년간은 연평균 7% 정도다. 삼성증권의 TDF2045는 8%, TDF2020은 4% 수준이다.

Q. 한국형 TDF라는 말이 있던데 어떤 뜻인가?

A. TDF는 투자자의 취업이나 은퇴 등 삶의 흐름을 반영하는 상품이다. 한국인과 미국인은 삶의 방식에 차이가 있으므로 투자 전략도 달라야 한다. 예컨대 한국은 대학 진학률이 높고, 특히 남성은 입대 등으로 첫 직장을 얻는 시점이 미국보다 상대적으로 늦다. 다른 이유도 있다. 우리나라에는 아직 디폴트 옵션 제도가 도입되지 않았다는 점이다. 따라서 가입자의 운용 지시 없이도 금융사가

사전에 결정된 운용 방법으로 투자 상품을 자동으로 선정하고 운용하는 TDF 상품을 본격적으로 만들 수 없다. 이런 이유로 외국 운용사가 개발한 펀드를 들여와 한국에서 판매하는 형태로 TDF 사업을 하기 때문에 '한국형'이란 이름이 들어갔다.

Q. 투자할 때 주의해야 할 사항은 무엇인가?

A. TDF는 어디까지나 투자 상품이다. 은퇴 날짜에 맞춰 마법처럼 자산배분을 한다 해서 자산의 손실 위험까지 보호해준다고 오해해선 안 된다. 오히려 기껏해야 재산상의 손실을 끼치는 데 그치는 여타 펀드와 달리 TDF는 노후가 걸린 상품이라는 걸 명심해야 한다. 실제로, 2008년 글로벌 금융위기 당시엔 TDF의 수익률도 급락해 여타 펀드와 별다를 것이 없었다. 가입자들의 원성이 쏟아졌음은 물론이다. 아울러 TDF는 비용 부담도 적지 않다는 사실을 고려해야 한다. 미국에서는 납입금의 0.2~1.5%를 보수로 떼는데, 당장은 얼마 안 되는 것 같아도 초장기 상품인 만큼 배보다 배꼽이 더 큰 상황이 될 수 있다. 최근 한 매체가 주요 운용사들의 TDF 상품에 2045년까지 27년간 매달 30만 원씩 투자해 연 4% 수익이 발생했다고 가정해 시뮬레이션을 했는데, 펀드에 들어간 비용이 운용사별로 많게는 1,000만 원까지 차이가 발생한 것으로 나타났다.

현역 때처럼 월급 타는 맛을 주는
'역적립식' 3형제

"현역 시절 모아놓은 노후 자금을 은퇴 후 오랫동안 생활비로 쓸수 없을까?"

"은행보다는 수익률이 좋고 주식형 펀드보다는 안정적이면서 매달 얼마씩 현금을 빼다 쓰고 싶은데….'

세상엔 두 종류의 투자자산이 있다. 투자 대상의 가치가 올라 자본차익을 얻게 되는 '자본차익 추구형' 자산이 그 첫째다. 주식이나 펀드에 투자하는 것은 자본차익을 얻는 것이 주목적이다. 둘째는 자본차익도 차익이지만 그보다는 소득을 창출해주는 자산이다. 이자나 배당, 임대료 등 소득을 얻는 것이 주목적이어서 '인컴(income)자산'이란 명칭을 사용하기도 한다. 보유 자산을 오래 쓰게 해주면서, 어딘가에 묶이지 않고 생활비 재원으로도 활용할 수 있기에 노후 생활자에게 적합하다. 현역 때처럼 월급 타는 맛도 느끼게 해준다.

소득 창출형 자산이 주목받은 것은 비교적 최근의 일이다. 그전에는 자본차익 추구형 자산이 대세였다. 경제가 쭉쭉 뻗어 나가며 자본 시장이 흥청거리던 시절이었다. 고금리와 고수익이 금융 상품의 최고 덕목이었고, 재산의 크기를 키우는 것이 재테크의 지향점이었다. 당시 선풍적 인기를 끈 상품이 매달 저금을 하듯 일정 금액을 납입하는 적립식 펀드였다. 상승세를 보이는 주식 시장의 높은 수익을 구가하면서 변동성을 낮춘 적립식 펀드는 우리나라 국민이면 가입하지 않은 사람이 없을 만큼 히트 상품이었다. 그러나 2008년 글로벌 금융위기를 기점으로 새롭게 나타난 저금리, 저성장이란 경제 현상은 재테크 지형을 완전히 바꿔놓았다. 은행 금리가 자꾸 떨어져 고금리의 단맛은 추억이 됐다. 그렇다고 자본 시장으로 가자니 저성장으로 수익률 기대치를 낮춰야만 했다. 저금리, 저성장은 사람들로 하여금 자산을 키우기보다는 안전하게 지키는 데 열중하게 했다.

여기다 고령화라는 변수가 등장했다. 고령화는 은퇴 이후의 시간이 그만큼 길어진다는 것을 의미한다. 하지만 재정적 준비가 안된 은퇴 이후의 삶은 재앙이다. 저금리, 저성장으로 은퇴 후 생활 자금을 마련하는 것도 호락호락하지 않다. 목돈을 제대로 만들 수 없으니, 지금까지 저축한 돈을 어떻게 하면 죽는 날까지 고갈시키지 않고 현명하게 빼다 쓸 수 있느냐가 중요해졌다. 자연히 돈을 굴릴 대상도 달라졌다. 고령화 시대에 자산 운용의 키워드는 '돈이 가늘고 길게 흐르도록' 하는 것이다. 이런 목적에 가장 잘 부합하는 것이 바로 소득 창출형 자산이다.

일본은 월 지급식 펀드가 대세

우리보다 먼저 저금리, 저성장, 고령화의 질곡에 빠진 일본을 보면 답이 나온다. 일본증권협회가 2015년 개인의 증권 투자 의식을 조사했더니 금융 투자 상품에 투자하는 가장 큰 목적이 배당, 분배금, 이자소득을 얻기 위해서(51.9%)인 것으로 나타났다. 장기 자산 운용(41.8%)과 노후 자금 확보(40.1%)가 그다음 목적이었다. 이런 결과를 반영해 일본에서 운용하는 펀드의 65%가 소득 창출형 자산에 투자하는 월 지급식 펀드라고 한다. 우리나라는 아직 소득 창출형 비중이 펀드 시장의 5% 정도에 불과하지만, 뒤집어 생각하면 그만큼 성장 여력이 크다는 이야기가 된다.

소득 창출형 자산은 현금이 마르지 않고 오래도록 흐르게 하는 것이 특징이다. 이 투자 바구니엔 채권이나 배당주, 우선주, 리츠(REITs) 등이 빠짐없이 담긴다. 이들 자산은 시장 하락기엔 이자 수입 등으로 손실을 보전해 투자 위험을 줄여주고, 상승기엔 자본차익이라는 추가 수익을 가져다준다. 소득 창출형 상품이 변동성이 낮고 수익 복원력이 뛰어나다고 하는 건 이러한 이유에서다.

그러나 소득 창출형 상품도 투자 상품이기에 수익률과 위험 구조가 천차만별이다. 당연히 원금 손실 가능성도 있다. 특히 시장 침체기가 문제가 된다. 소득 창출형 상품 중엔 고객에게 매달 일정액의 현금을 지급하는 상품이 있는데, 이때 투자자산을 팔면 가격 하락의 압박을 받게 된다. 만약 시장이 침체기면 자산을 처분함에 따라 가격 하락이 더 심해져 원금 손실 가능성이 커진다. 예를 들어 2008년 금융위기 당시 하이일드 채권지수와 신흥국 채권지수는 -8%에서 -26%까지 떨어졌다. 이들 자산에 투자한 상품의 상당수가 원금 손실의 아픔을 겪었다. 소득 창출형 상품에 투자하려면 수익도 좋지만 원금을 지킬 수 있는지부터 따져봐야 한다.

원금 손실 가능성을 줄이기 위해 분산 기법을 활용하는 것은 여기서도 유효하다. 투자 가능 자산의 유형이 매우 다양하므로 자산 간 상관관계를 이용해 변동성을 낮추는 효과가 뛰어나다. 투자 대상이 두세 개인 자본차익 추구형과 다르다. 분산은 거시경제 상황에 따라 자산배분 비율을 조절해 리스크를 관리하는 방법이 일반적이다. 예를 들면 경기가 좋을 땐 수익률이 높은 고배당주식이나 하이일드 채권, 리츠의 투자 비중을 높이고, 경기 하강기엔 수익률 방어에 유리한 선진국 채권 비중을 높이는 식이다.

소득 창출형 상품에는 여러 가지가 있지만, 대세는 역시 '역적립식' 상품이다. 일정액을 다달이 부어 목돈을 만드는 적립식과는 거꾸로 목돈을 한꺼번에 넣고 매달 얼마씩 빼다 쓰는 개념이다. 무엇보다 노후 준비 기간이 짧아 노후 자금을 제대로 적립하지 못한 사람들에게 퇴직 후 생활비 재원을 보완해준다. 은퇴자의 생활 도우미인 셈이다.

지금부터 즉시연금, 월 지급식 펀드, 수익형 부동산 등 '역적립식' 상품의 세계를 들여다보자.

즉시연금

목돈을 맡긴 뒤 가입자가 정한 기간 또는 사망할 때까지 매월 일정액을 연금처럼 받을 수 있는 상품이다. 보험사에서만 판매한다. 가입일로부터 한 달 후 바로 연금을 받을 수 있으며, 45세부터 가입할 수 있다. 통상 은행 정기예금보다 높은 금리가 적용되기 때문에 안정성과 수익성을 두루 갖췄다.

다만, 수령액을 결정하는 공시이율이 매달 달라진다는 점에 유의해야 한다. 공시이율이 떨어지면 수령액도 줄어 노후 생활비 조달에 지장이 생길 수 있다. 요즘은 보험사별로 평균 2.5% 내외다. 최근 3~4년 동안 금리가 하락하면서 공시이율도 낮아지는 바람에 연금 수령액이 반 토막 났다. 물론 금리가 상승 반전하면 수령액도 늘어난다.

즉시연금은 수령 방식에 따라 세 가지로 나눌 수 있다. 가입자가 사망할 때까지 줄곧 연금을 수령하는 종신형, 일정 기간 원금과 이자를 나눠 받는 확정형, 매달 이자만 받다 사망할 때 원금을 자식에게 돌려주는 상속형이 있다. 그중 종신형은 계약을 해지할 수 없어 돈이 묶인다는 약점이 있다. 하지만 평생 연금 혜택을 누릴 수 있다는 건 나머지 두 종류에선 찾기 어려운 매력이다. 연금 재원이 충분치 않은 사람에겐 필수적인 상품이다.

즉시연금은 비과세 상품이다. 단, 10년 이상 유지해야 한다. 비과세 한도는 2017년 4월 1일부터 종전 2억 원에서 1억 원으로 축소됐다. 즉시연금의 가장 큰 약점은 인플레이션에 취약하다는 점이다. 지금이야 저물가 시대라 괜찮지만, 인플레이션이 닥치면 실질 수익률이 마이너스가 될 수 있다는 얘기다.

보험료를 완납한 다음 일정 기간 경과 후부터 연금을 받는 방식인 거치연금도 있다. 거치연금은 자산의 유동성을 확보하면서 노후 소득을 극대화하는 방법이다. 거치 기간에 원금이 복리로 불어나기 때문이다. 어느 정도 재정적 여유가 있는 사람이라면 관심을 가져볼 만하다. 거치연금의 또 다른 매력 포인트는 연금을 받기 전까지 추가 납입이 가능하다는 점이다. 추가 납입을 이용하면 최초 가입 당시보다 훨씬 낮은 사업비가 공제되기 때문에 새로운 상품에 가입하는 것보다 비용이 싸게 먹힌다. 또 추가 납입은 '경험생명표(생명보험회사에서 피보험자의 생존이나 사망 따위의 실제적인 경험을 기초로 하여 만든 사망률에 관한 표)'를 적용하는 데서도 유리하다. 경험생명표는 평균 수명 연장 추세에 맞춰 3년에 한 번씩 변경되는데, 추가 납입은 예전의 경험생명표를 적용받아 더 많은 연금을 기대할 수 있다.

월 지급식 펀드

투자 방법은 펀드의 형태를 띠지만 분배금 지급을 월 단위로 나누는 상품을 의미한다. 펀드의 수익성과 월 지급식의 안정성을 더한 경우라 하겠다. 펀드인 만큼 공격적 운용이 가능하고 고수익도 노릴 수 있지만, 원금 손실의 위험이 똬리를 틀고 있다. 그러나 같은 월 지급식인 즉시연금이 세제 혜택이 줄고 공시이율 하락으로 수익성이 나빠진 데다 물가 상승에 대한 헤지 기능이 전혀 없어 그 대안으로 떠오르고 있다.

퇴직을 앞두고 있거나 이미 퇴직한 사람들 사이에서 월 지급식 펀드가 주목받는 것은 이런 이유에서다. 월 지급식 펀드는 적립식 펀드와 돈의 흐름이 반대 방향인 역적립식 개념으로 운용과 배분을 동시에 하면서 일정한 소득에 투자 수익까지 누릴 수 있도록 설계됐다. 노후 준비를 제대로 하지 못해 퇴직 후 생활비가 궁한 사람에겐 구원투수가 될 수 있다.

월 지급식 펀드는 한국보다 앞서 고령화 사회에 접어든 일본에서 유래했다. 일본은 2014년 말을 기준으로 전체 펀드자산 113조엔 중 74조 엔을 차지할 정도로 월 지급식 펀드의 위세가 대단하다. 한국도 인구의 고령화·저금리 등으로 월 지급식 펀드 시장이 커질 것으로 예상한다.

월 지급식 펀드에 투자할 때 유의할 점은 시장의 일시적인 등락이다. 투자한 자산의 부침에 따라 마이너스 수익률을 보일 때도 있고, 상승장이 오면 분배금 이상의 수익을 낼 수도 있다. 단기에 원금손실이 났다고 안달하다간 소탐대실할 수 있다. 월 지급식 펀드는 장기로 투자해야 하고 연금이나 생활 자금으로 꾸준히 안정적으로 받아야 하는 만큼, 특정 국가의 채권이나 고위험 회사채에 집중적으로 투자하기보다는 다양한 고정 수익 자산에 분산 투자하는 '인컴형 상품'을 선호한다. 배당주나 리츠 등 인컴자산은 시장 하락기에도 다른 자산에 비해 방어력이 좋아 하락 폭이 크지 않다.

수익형 부동산

한마디로 '월세'를 받는 부동산이다. 크게 '주거용'과 '상업용'으로 구분할 수 있다. 주거용으로는 다가구주택과 다세대주택, 생활주택, 원룸, 오피스텔 등이 있고 상업용으로는 근린상가와 단지 내 상가, 주상복합상가 등이 있다. 저금리 기조가 지속되고 있어 수익형 부동산은 안전하면서도 수익성이 좋은 노후 준비 수단으로 인기다. 보통 투자금이 1억~3억 원이면 오피스텔, 도시형 생활주택, 다세대주택, 소형 아파트를 사기에 적당한 액수다. 투자금이 5억~10억 원이면 상가, 투자금 10억~20억 원이면 상가주택과 다가구주택, 20억 원 이상이면 상가 건물을 살 수 있다.

수익률은 부동산의 종류와 입지에 따라 5~6% 정도로 보면 된다. 값이 비싼 상가주택과 다가구주택은 이보다 조금 낮다. 다만 여기서 임대료의 30%로 추정되는 관리 비용은 빼야 하므로 실질수익률은 4~5% 선이다.

오피스텔은 수익형 부동산의 맏형격이다. 1~2인 가구가 폭발적으로 늘고 있어 수요는 앞으로도 20년 이상 계속 증가할 것으로 보인다. 하지만 공급이 증가함에 따라 공실이 발생할 우려도 있다. 과잉 공급 논란에서 벗어나지 못하고, 노후화할수록 임대료가 빠르게 하락하는 경향이 있다. 주변 시세와 수급 여건, 개발 호재 등을 고려해 투자해야 하고, 지하철 역세권에 대학가나 업무단지의 접근성이 좋은 곳이 임차 수요가 많아 안정적이다.

도시형 생활주택은 일반적으로 오피스텔보다 주차 여건이 좋지 않고 편의시설이 갖춰져 있지 않아 주의해야 한다. 대신 상업 지역에 오피스텔과 함께 들어서는 도시형 생활주택은 주차 여건과 편의시설이 갖춰져 있어 많은 부동산 전문가가 추천하고 있다.

상가는 갈수록 어려워질 것으로 예상한다. 온라인 쇼핑이 증가하는 등 유통 시장 여건이 불리하게 돌아가서다. 상가는 상권이 변하면 가치가 급격히 떨어지므로 출구 전략을 잘 세워야 한다.

최근 아파트형 공장이 지식산업센터라는 이름으로 관심을 끌고 있다. 일종의 틈새 상품으로 오피스텔보다 공급 가격이 저렴하고 세제 혜택도 많아 투자 수요가 꾸준하다. 임차인이 법인 기업이어서 장기 계약을 맺을 수 있다는 점도 매력적이다. 다만, 공급이 빠르게 늘어나면서 수익률이 떨어지고 있다는 점은 알아두어야 한다.

국민연금
100배 활용하는 법

"노후에 가장 믿을 만한 '비빌 언덕'이 무엇인가?"라는 질문을 던지면 십중팔구 국민연금이라는 대답이 돌아온다. 국민연금은 나라가 보증을 서줄 뿐 아니라 물가 상승을 반영해 지급되기 때문에 안정성이나 수익성 면에서 최고의 은퇴 상품으로 평가받는다.

국민연금에 대해 '조기 고갈된다', '소득대체율이 24%에 불과하다' 등 이런저런 말이 많지만 연금 상품 중 사실상 국민연금만 한 것은 없다. 수익비부터 따져보자. 수익비는 가입자가 받는 연금 수령액 총액을 보험료 총액으로 나눈 비율을 말한다. 평균 소득자(월 204만 원)가 20년간 국민연금 보험료를 납부하는 경우 수익비는 두 배라고 한다. 쉽게 말해 내가 낸 돈의 두 배를 연금으로 받는다는 이야기다. 개인연금 수익비는 구조적으로 1을 넘을 수 없다는 점을 고려하면 그만큼 수익률이 뛰어난 재테크 상품이다. 물가가 상승함에 따라 연금액이 오른다는 점은 국민연금 등 공적 연금만이 가지는 최대 장점이다.

예를 들어 2017년 국민연금 신규 가입자가 최고 소득으로 보험료를 30년간 납부할 경우 국민연금 예상 수령 금액이 100만 원이다. 이는 현재 100만 원의 구매력을 미래에도 보장해준다는 의미다. 물가 상승률 3% 기준 30년 후 100만 원은 현재가치로 41만 원에 해당한다. 반면, 개인연금은 물가 상승률을 반영하지 않기 때문에 구매력이 절반 이하로 떨어진다. 게다가 국민연금은 활용하기에 따라 연금 수령액을 얼마든지 늘릴 수 있다. 말하자면 '국민연금 재테크'다.

현재 국민연금 수급자 중 가장 많은 금액을 받고 있는 사람은 전북 전주에 사는 66세 심 씨는 2018년 4월부터 월 202만 8,095원을 받게 된다. 연금 수령액이 월 200만 원을 넘긴 것은 국민연금이 도입된 1988년 1월 이후 심 씨가 처음이다. 심 씨는 현재 월 199만 280원의 국민연금을 받고 있지만, 4월부터 2017년도 물가 상승률(1.9%)이 연금액 산정에 반영됨에 따라 연금액이 오른다. 심 씨는 1988년 1월 국민연금에 가입해 60세가 된 2012년 7월부터 매월 138만 690원을 받을 예정이었다. 그런데 어떻게 해서 연금액이 갑자기 뛴 것일까? 바로 '연기연금 제도'를 이용한 것이다.

개인 최다 수령액 월 202만 원

연기연금 제도는 연금 받을 시기를 1~5년 늦추는 대신 그만큼 더 많은 연금을 받을 수 있는 제도로 2007년부터 시행됐다. 65세 미만의 수급자는 누구나 신청할 수 있다. 쉽게 말해 연금을 받을 나이가 됐지만 이 시기를 조금 늦춰서 받으면 연금 액수가 더 커지는 것이다. 연기된 연금에 대한 이자는 월 0.6%, 연 7.2%씩 늘어 5년이면 최대 36%의 이자가 붙는다. 은행 예금 이자가 2%도 안 되는 초저금리 시대에 이만 한 재테크가 또 있을까?

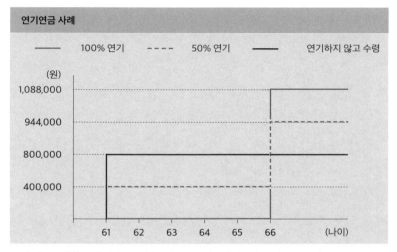

연기연금 사례

─── 100% 연기   ---- 50% 연기   ━━━ 연기하지 않고 수령

*국민 연금 수령액 80만 원인 수급자가 5년 연금 수령을 연기한 경우 (자료: 국민연금공단)

2015년 7월부터는 부분 연기도 가능해졌다. 종전엔 연금 수령액 전체를 연기하는 것만 가능했지만, 일부를 수령하고 나머지를 연기할 수 있게 된 것이다. 이는 고령화의 진전으로 오래 사는 기간이 늘어남에 따라 연금 효과를 최대한 높여보자는 취지다.

예를 들어 국민연금 수령액이 80만 원인 사람이 금액의 50%를 1년 후부터 받겠다며 부분 연기했다고 가정해보자. 이 사람은 61세에는 매달 40만 원을 받는다. 하지만 62세 이후부터는 연기한 금액(40만 원)에 연 7.2%의 이자가 붙어 82만 8,800원(400,000+400,000×1.072)으로 늘어난다. 원래 연금액보다 월 2만 8,800원씩 평생 더 받게 되는 것이다. 만약 국민연금액 80만 원 수령자가 전액을 5년 연기하면 66세부터는 애초 연금액보다 월 28만 8,000원(80만×0.072×5) 많은 108만 8,000원을 받을 수 있다.

　엄밀하게 이야기하면 총 수령액 기준으로 볼 때 부분 연금 연기가 '약간' 유리한 정도다. 그러나 일정 기준 이상으로 소득이 발생하면 연금 지급액이 깎인다는 사실을 떠올리면 연금 연기는 파격적이다. 국민연금은 연금 수령자의 월평균 소득이 전체 국민연금 가입자의 평균 소득보다 많으면 감액해서 지급된다. 월평균 소득에는 근로소득과 사업소득만 해당한다. 부동산 임대수입은 사업소득으로 월평균 소득 산정에 포함되지만, 이자소득이나 양도소득은 포함되지 않는다. 그리고 각종 비용은 공제해준다. 근로자의 경우 총급여에서 근로소득 공제액을 제외하고, 사업자는 총수입에서 필요경비를 뺀 금액이 월평균 소득으로 인정된다. 이렇게 산출한 월평균 소득이 전체 국민연금 가입자의 최근 3년간 평균 소득보다 많으면 감액 대상이 된다. 2017년 국민연금 가입자 평균 소득은 217만 원이다. 감액 대상이 되면 첫해 50%로 시작해서 매년 10%씩 줄어든다. 은퇴 후 연금에만 기대지 말고 재취업을 해 연금 수급을

1년이라도 늦춘다면 노후 재정에 안정을 기할 수도 있다.

고령화로 불리해진 조기연금

우리나라 직장인의 법정 정년퇴직 연령은 60세지만 실제로는 55~58세 사이에 가장 많이 퇴직한다. 그러나 국민연금 시계는 61세부터 맞춰져 있다. 국민연금 개시 시기는 연령에 따라 다음과 같이 나눠진다. 1953~1956년생 61세, 1957~1960년생 62세, 1961~1964년생 63세, 1965~1968년생 64세, 1969년생 이후 65세다. 퇴직과 국민연금 개시 시기 사이에 짧게는 3년, 길게는 10년 이상의 소득 공백이 발생하는 것이다. 국민연금은 재원 문제 때문에 수급 시기를 앞당기는 건 불가능하니 정년퇴직 연령을 늦추자는 주장이 나오고 있긴 하다. 그러나 이것이 실현된다 하더라도 국민연금 수령 개시 연령이 또 늦춰지기 때문에 직장인 대부분은 수년간의 소득 공백기를 겪어야 하는 운명이다.

연금 개시 연령이 5년 미만으로 남은 사람이 소득 있는 업무에 종사하지 않을 경우 조기노령연금을 받을 수 있다. 조기연금을 수령할 경우 수령액이 1년에 6%씩 감액된다. 개시 연령 미달 연수 1년 이내 94%, 1~2년 이내 88%, 2~3년 이내 82%, 3~4년 이내 76%, 4~5년 이내는 70%를 받는다. 조기연금은 개시 연령에 도달해도 사망할 때까지 계속 감액된 연금을 받아야 한다.

그렇다면 조기연금을 받는 것이 정상 개시 연령부터 연금을 받는 것보다 불리할까, 유리할까? 국민연금을 5년 앞당겨 70%를 받는 경우와 정상 개시 연령에서 100%를 받는 경우를 비교해보자. 1차 방정식 '70(x+5)=100x'를 풀어보면 'x=11.6'이다. 즉 정상 개시 연령으로부터 11.6년 이상 연금을 받는다면 조기연금이 불리하다는 얘기다. 1년 앞당겨 94%를 받는다면 '94(x+1)=100x', 즉 'x=15.6'이다. 정상 개시 연령에서 15.6년 이상 연금을 받는다면 조기연금이 불리하다. 물론 일찍 사망해 이 기간보다 짧게 연금을 받는다면 조기연금이 유리하다.

결론적으로 60대 초반 연령의 기대 여명이 20년을 좀 넘기에 평균적으로 사는 것을 가정한다면 조기연금이 정상연금보다 불리하다. 또한 개인연금이나 퇴직연금이 충분한 것도 아니기에 연금을 감액해서 미리 받는 것은 바람직하지 않다. 오죽하면 몇 푼 안 되는 연금을 미리 받겠느냐고 할지 모르지만, 그러므로 현직에 있을 때부터 미리 소득 공백기를 대비해야 한다.

반납, 추납, 선납이란

과거 국민연금이 전 국민으로 확대되기 전까지는 직장을 그만둔 경우 납부한 보험료를 일시금으로 돌려주는 제도가 있었다. 1999년 이후 이 제도는 폐지됐다. 노후에 연금을 주자는 본래의 목적에 어긋났기 때문이다. 과거 돌려받은 일시금에 이자를 더해 반환하면 과거 가입 이력을 복원할 수 있다. 국민연금 시행 초기에는 소득대체율이 매우 높았기 때문에 이 제도는 100% 개인에게 유리하다. 일시금을 받았던 사람은 국민연금공단에 반납 신청을 할 수 있다.

가입 기간을 늘리는 또 다른 제도로 추가 납부 제도가 있다. 퇴직이나 사업중단으로 소득이 없을 때 연금보험료를 납부하지 않도록 예외를 인정하는 것인데, 그 기간에 해당하는 보험료를 후에 납부할 수 있다. 이를 추납(추후납부) 제도라고 한다. 추납과 반납 제도를 통해 가입 기간을 늘리면 수령액도 많아진다.

연금보험료를 미리 납부해 실질적인 연금 증액 효과를 얻는 방법도 있다. 선납은 납부기한 1개월 이전에 연금보험료를 미리 납부함으로써 연금보험료의 납부 의무를 미리 이행하는 것을 말한다. 국민연금에 계속 가입하는 것을 전제로 매월 연금보험료를 납부해야 하는 불편을 해소하고자 도입된 제도다. 선납을 하면 선납 신청 월수에 따라 1년 만기 정기예금 이자율을 적용해 연금보험료를 감액한다. 선납 신청 가능 기간은 50세 이상인 경우 최대 5년이다.

국민연금 수급권자인 배우자가 사망했거나 이혼 시 재정적 안정을 목적으로 연금을 이전받는 제도가 있다. 대표적인 것이 분할연금과 유족연금이다. 먼저 분할연금은 부부가 혼인 기간에 형성된 연금자산을 반반씩 나눠 갖는 것으로, 다른 공적 연금이나 사적 연금에서 볼 수 없는 국민연금 특유의 제도다.

분할연금을 신청하려면 국민연금 가입 기간에 혼인 기간이 5년 이상이어야 하고, 노령연금 수급권자와 이혼했거나 이혼한 후에 그 배우자가 노령연금 수급권을 취득하게 된 경우 지급된다. 분할연금 청구권은 이혼한 지 3년이 지나면 소멸한다. 분할연금을 받고 있는 중에 재혼하더라도 기존의 분할연금 지급은 계속된다. 두 번 이상 이혼해 둘 이상의 분할연금 수급권이 발생하면 하나의 분할연금 수급권으로 보고 합산해 지급한다. 개인연금 등 또 다른 연금 수급권이 발생하는 경우 분할연금과 다른 연금 중 본인의 선택에 따라 한 개만 지급받는다. 만약 노령연금을 받게 되면 분할연금과 본인의 노령연금 모두 지급된다.

유족연금이라는 것도 있다. 유족연금은 부부 모두 국민연금을 지급받다가 한 명이 먼저 사망하면 중복 급여의 조정이라는 규정에 따라 하나의 급여만 선택하는 제도다. 즉, 유족연금(수급권자가 받던 수령액의 40~60%)과 배우자의 '국민연금 + 유족연금 20%'를 비교해 유리한 것을 택하는 것이다. 유족연금은 가입 기간 10년 미만, 10~20년 미만, 20년 이상에 따라 지급률이 40%, 50%, 60%로 돼 있다. 배우자는 유족연금을 가족 가운데 최우선순위로 받을 수 있다. 둘 중 어떤 경우든 남편이 사망하면, 부인이 혼자 타게 될 국민연금은 부부 합산 연금액보다 훨씬 줄어든다. 이때 혼자 남은 부인이 국민연금을 조금이라도 더 받을 수 있게 하려면 남편이 살아 있을 때 국민연금 수령 시기를 연기하면 된다.

국민연금은 선발,
개인연금은 구원투수

집을 지을 때 층수를 올리는 것은 대지의 효율을 높이는 방법이다. 고층 아파트는 좁은 공간에 많은 가구를 수용함으로써 도시민의 거주 문제를 해결하는 데 기여했다. 마찬가지로 저금리와 저성장으로 돈을 불리기 힘들고 고령화로 돈을 오래 써야 하는 상황에서는 '연금 탑'을 높이 쌓아 올리는 것이 효율적이다.

연금 탑에서 국민연금은 1층, 퇴직연금은 2층, 개인연금은 3층에 해당한다. 3층 구조는 노후 설계의 기본이다. 3층 탑으로도 노후 생활비가 모자랄 수 있어 별도의 자금을 만들어야 하는 게 현실이지만, 이들 세 가지 연금 상품은 노후 설계의 필수 준비물이다. 이중 노후 생활의 질을 좌우하는 것이 3층의 개인연금이다. 사실 1층의 국민연금이나 2층의 퇴직연금은 국가와 회사가 간여하기 때문에 자금을 운용하는 데 개인의 선택지가 별로 없다. 그러나 개인연금은 어떻게 굴리느냐에 따라 노후에 풍족한 생활을 하느냐 아니면 그냥 밥이나 먹으면서 기본적인 생활 수준만 유지하느냐가 갈린다.

개인연금은 국민연금과 공무원연금 같은 공적 연금의 부족한 부분을 채우는 보완재 성격이다. 공적 연금은 국가가 국민의 노후 준비에 도움을 주는 사회적 안전망 역할을 하면서 사회적 약자를 돕는다는 재분배 기능을 가지고 있다. 소득이 높은 사람은 조금 덜 받고, 낮은 사람은 낸 돈보다 조금 더 받는다. 바로 이런 특성 때문에 공적 연금만으로는 충분한 노후 자금을 확보하기 어렵다. '소득대체율'이라는 걸 따져봐도 그렇다. 소득대체율은 쉽게 말해 은퇴 전 평균 생활비와 비교할 때 퇴직 이후에 받는 연금이 어느 정도인지를 나타낸다. 보건복지부에 따르면 2017년 기준 우리나라 국민연금 신규 수급자의 소득대체율은 약 24%에 머물렀다. 이를 금액으로 환산하면 52만 3,000원으로 개인 기준 최소 노후 생활비 104만 원의 절반 정도에 불과하다.

그러다 보니 퇴직연금과 개인연금이 노후 생활에서 상당한 역할을 해줘야 한다. 노후 준비에서 국민연금을 선발이라고 한다면 개인연금은 구원투수라고 할 수 있다. 선발이 경기 초반의 기세를 잡는다 해도 구원투수가 제 역할을 못하면 경기 자체를 그르칠 수 있다. 그러므로 개인연금을 잘 활용하여 노후 준비의 퍼즐을 풀어가야 한다.

퇴직 앞둔 사람을 위한 최고의 은퇴 상품

개인연금은 연금저축계좌가 대표적이다. 연금저축계좌는 금융권에서 통칭하는 것이고, 기관별로 가면 이름이 조금씩 달라진다. 은행에선 신탁, 증권은 펀드, 보험은 보험이란 말이 계좌 뒤에 붙는다. 신탁이나 보험은 원금보장형인 반면 펀드는 실적배당형이다. 실적배당형이란 말은 잘만 하면 수익을 낼 수 있지만 자칫하면 손해도 감수해야 한다는 뜻이다. 원금보장형이 안전하긴 하지만 저금리 상황에선 실질적인 성과가 오히려 마이너스일 수 있다. 결국 실적배당형으로 승부해야 한다는 얘기인데, 이는 투자 실력을 쌓은 개인한테는 기회가 된다. 특히 퇴직이 얼마 남지 않은 사람들한테는 최고의 노후 대비 상품이다. 정부에서도 지난 2013년 연금저축계좌를 도입하면서 다양한 기능을 보강하고 혜택을 장착했다.

그런데 연금저축계좌를 바라보는 가입자들의 시선은 노후 대비가 아닌 엉뚱한 데로 쏠려 있다. 가입을 유도하기 위해 덤으로 제공된 절세 혜택이 그것이다. 해마다 연말이 되면 증권사 창구는 연금저축계좌에 가입해 세액공제를 받으려는 월급쟁이와 개인사업자들로 붐빈다. 연초 연말정산이 끝나면 가입 창구가 다시 한산해진다는 사실에서도 이를 알 수 있다. 또 가입자의 90%는 투자 목적이 아니라 보험 상품에 집중돼 있다고 한다. 그래서 연간 가입 한도는 1,800만 원이지만 세액공제 한도인 400만 원만 달랑 납입하는 계좌가 대부분이다. 그러나 연금저축계좌의 가입 목적을 절세에만 두다가는 노후 준비에 구멍이 날 수 있다. 노후 자금을 불리려면 저축

규모를 늘리든가 수익률을 높여야 하는데, 이 부분이 소홀해지기 때문이다.

연말정산에서 연금저축계좌의 세액공제로 받게 되는 세금 환급액은 최대 52만 8,000원이다. 여기다 가입 기간에 발생한 이자·배당소득이 비과세되다가 연금을 수령할 때 저율 과세된다. 재테크 보릿고개에 가만히 앉아서 이런 절세 효과를 누리는 것은 연금저축계좌가 아니면 무엇으로도 어렵다. 그러나 조금 시야를 넓혀보면 절세 혜택을 보는 만큼 이에 상응하는 대가도 치러야 한다는 사실을 알 수 있다. 그 대가란 장기 보유다. 연금저축계좌는 5년 이상 납입하고 55세부터 10년 이상 연금을 수령해야 한다. 가입 기간 5년 동안 260여만 원의 세금환급을 받자고 무려 15년 이상 장기 보유한다는 건 비합리적인 발상이다.

그래도 사람들은 막무가내다. 연금저축계좌의 본래 취지와 사람들의 실제 활용 목적 사이에 커다란 간극이 존재하는 것이다. 매년 400만 원씩 5년 동안 납입해봤자 10년 동안 연금으로 수령하면 월 20만~30만 원에 불과해 이를 노후 자금으로 쓰기엔 턱없이 부족하다. 절세는 일종의 유인책이다. 그러니까 연금저축계좌를 절세 목적으로만 이용하는 것은 본말이 전도된 것이다.

연말정산 세액공제는 '떡밥'

사실 인간은 미래보다는 눈앞의 이익에 집착하게 마련이다. 연금저축계좌로 보면 미래는 연금이고 눈앞의 이익은 세액공제다.

연금을 준다고 하나 그건 먼 훗날의 이야기고, 중간에 얼마든지 가변요소가 생길 수 있으니 당장 확실하게 챙길 수 있는 세액공제에 꽂히는 것이 인지상정이다. 그러나 엄밀히 말하면 그 혜택은 일종의 '떡밥'에 불과하다. 떡밥에만 신경을 쓰다간 큰 것을 놓칠 수 있다. 달은 보지 않고 가리키는 손끝만 쳐다보는 것과 다를 게 없다.

연금저축계좌를 제대로 활용하려면 '절세용'이란 인식을 빨리 벗어던지는 게 중요하다. 1년에 세액공제 한도인 400만 원만 붓지 말고 될 수 있으면 총 납입 한도인 1,800만 원을 다 채우라는 이야기다. 이렇게 5년을 계속하면 총 9,000만 원을 적립하게 되는데, 연 4~5% 수익률로만 굴려도 노후 살림에 큰 보탬이 될 자금이 만들어진다. 이 중 세액공제분을 제외한 7,000만 원은 과세 대상에서 빠진다. 만약 부부가 각각 1,800만 원씩 9,000만 원을 연 수익률 5%로 5년 동안 굴린다면 2억 400만 원을 만들 수 있다. 이는 월 70만 원씩 30년 동안 생활비로 쓸 만한 돈이다. 연금저축계좌는 팔색조의 매력을 가진 노후 자금 관리 종합통장이다. 어떤 매력이 있는지 정리해본다.

1. 수시입출금 가능

연금저축계좌엔 공적 연금이나 다른 개인연금 상품에 없는 독특한 기능이 많다. 그중에서도 수시입출금(보험 상품은 제외)이 자유롭다는 점이 가장 눈에 띈다. 가입 기간에 목돈이 필요해지면 언제라도 계좌에서 돈을 꺼내 쓸 수 있다. 단 세액공제를 받은 인출금과 운용수익, 퇴직금에 대해서는 세금을 내야 한다. 그래도 저축금을 빼다 쓰려면 수수료를 물고 해지해야 하는 다른 연금 상품과 비교할 때 엄청난 혜택이다. 개인연금 제도가 정착되는 데 최대 걸림돌인 가입자의 목돈 수요라는 현실적 문제가 연금저축계좌에선 해소됐다고 볼 수 있다.

연금저축계좌에 들어 있는 돈은 ① 세액공제 받은 납입 금액 ② 계좌 운용수익 ③ 퇴직금 ④ 매년 납입 금액 중 세액공제 한도 초과 금액으로 구성된다. 그렇다면 어떤 순서로 인출하는 게 유리할까? ①과 ②, ③은 과세 대상 소득이지만 ④는 과세 제외 소득이다. 인출할 때는 세금 부담이 없는 ④를 먼저 빼 쓰고 그다음은 ③, 맨 마지막엔 세금이 가장 무거운 ①과 ②를 찾아 쓰는 것이 절세하는 길이다.

만약 인출 사유가 목돈을 불가피하게 써야 하는 상황이 아니고 금융회사의 서비스라든가 투자 수익률에 대한 불만 때문이라면 굳이 세금을 물고 인출할 필요가 없다. 계좌 이전 제도를 이용하면 된다. 예전엔 이전 절차가 꽤 복잡했으나 지금은 이전을 원하는 금융회사에 가서 신분증만 제시하면 된다. 세금은 한 푼도 내지 않는다. 이 밖에 연금저축계좌는 가입자가 사망할 경우 배우자가 승계할 수 있다는 점에서 노후 설계는 물론 상속 설계까지 가능하다.

2. 퇴직금 관리

2016년 7월 정부는 개인형퇴직연금(IRP)과 연금저축계좌 간 자금 이동에 대해 과세이연을 허용했다. 계좌를 옮기는 자금일지라도 본래 부여했던 세금 혜택을 그대로 인정해주겠다는 것이다. 이에 따라 가입자가 55세 이상이면 IRP에서 연금저축계좌로 퇴직금을 옮겨 와 언제든지 연금으로 전환해 관리할 수 있게 됐다. 단, 연금 수급 요건을 충족해야만 한다는 조건이 있기 때문에 55세 이하는 퇴직금 계좌 이전이 안 된다.

계좌 이전 제도의 도입으로 양쪽에 분산돼 있는 연금자산을 통합해 운영하면서 연금 수령과 관련한 계획을 수립하고 실행할 수 있게 됐다. IRP 가입자의 경우 퇴직금을 인출하려면 수수료를 물고 계좌를 해지해야 하지만, 연금저축계좌로 이전하면 자유롭게 빼다 쓸 수 있다. 또 연금저축계좌는 IRP에 비해 운용 규제가 심하지 않아 운신의 폭이 넓다.

3. 분산 투자로 위험관리

노후 자금을 키우려면 투자가 답이지만 투자 상품은 원금 손실 위험이라는 치명적 약점이 있다. 투자 위험을 줄이는 방법으론 분산이 가장 효과적이다. 성질이 다른 자산을 섞음으로써 날카로운 위험의 공세에 보호막을 칠 수 있다. 연금저축계좌는 여러 자산을 담을 수 있기 때문에 이런 분산을 손쉽게 요리할 수 있다.

예를 들면 연금저축계좌를 개설하면서 주식형 펀드와 채권형 펀드를 각각 40%와 60% 비율로 매입한다고 하자. 주식 시장이 좋아 주식형 펀드 비중이 50%로 높아지면 일부를 매도하고 채권형 펀드를 더 사들여 계좌 내 두 자산의 비중을 처음 정한 대로 돌려놓는다. 반대로 주가가 큰 폭으로 떨어져 주식형 펀드 비중이 30% 이하로 내려가면 비중이 커진 채권형 펀드를 처분한 돈으로 주식형 펀드를 사 그 비중을 40%까지 높인다. 이게 바로 '리밸런싱(자산 재조정)' 기법이다. 비싸진 자산을 처분해 싼 자산을 사면 장기적으로 투자 성과가 좋아진다.

연금저축계좌에 어떤 상품을 담을지 고민하는 것도 머지않아 해결될 것으로 보인다. 정부가 연금저축계좌에 투자일임형 계약을 도입하는 방안을 추진하고 있기 때문이다. 투자일임형 계약은 투자자가 상품 선정, 자산배분 등 운용 일체를 금융회사에 맡기고 소정의 수수료를 지불하는 것을 말한다. 증권사의 투자일임형은 랩어카운트(자산종합관리계좌) 형태로 체결될 가능성이 크다. 랩어카운트 형태가 되면 증권사의 전문성을 이용해 연금저축계좌의 투자수익률을 높일 수 있어 고객에게 이득이 될 것이다.

4. 세금 걱정 없이 해외 투자

연금저축계좌의 또 다른 매력은 해외 투자에서 절세 혜택을 챙길 수 있다는 점이다. 해외 펀드는 국내 펀드와 달리 주식의 매매·평가익에 대해 세금을 물어야 하기 때문에 세 부담이 크다. 이때 연금저축계좌를 활용하면 세금을 크게 줄일 수 있다. 세액공제, 과세이연, 그리고 낮은 연금소득세 덕분이다. 연간 400만 원씩 수익률 8%로 20년간 적립식 투자를 한다고 가정하자. 해외 펀드라면 약

1억 7,000만 원을 손에 넣을 수 있지만 연금저축계좌로는 2억 원이 넘는 목돈이 만들어진다. 2016년 초에 도입된 비과세 해외주식투자 전용 펀드도 절세가 가능하긴 하다. 그러나 투자 한도가 3,000만 원에 불과해 규모 있는 목돈을 마련하기가 어렵다. 여유 자금이 있다면 일단 해외주식투자 전용 펀드에 한도까지 넣고, 남는 돈은 연금저축계좌에 납입하는 것이 좋다.

5. 금융소득 종합과세 문제도 해결

연금저축계좌에 가입하지 않은 걸 후회하는 부자가 많다고 한다. 근로·사업·임대수입 등 수입이 많아 높은 세율로 소득세를 납부해 금융소득 종합과세 대상에 해당하기 때문이다. 금융소득 종합과세 대상이 되면 2,000만 원을 초과한 이자·배당소득은 종합과세로 넘어가 다른 자산과 합산 과세된다. 만약 연금저축계좌에 가입했다면 이 부담을 상당 부분 덜 수 있다.

연금저축계좌는 매년 발생하는 이자나 배당에 대해선 가입 기간엔 세금을 안 물리고 나중에 연금을 수령할 때 과세한다. 수령하는 연금이 1,200만 원이 넘지 않도록 연금 개시 시기와 수령 기간을 적절히 조정하면 종합과세를 피하면서 3.3~5.5%의 저율 과세로 종결지을 수 있다. 연간 납입 한도가 1,800만 원에 불과해 부자한테는 '새 발의 피'일 수 있으나 배우자와 함께 저축할 경우 그 누적 효과를 무시할 수 없다.

[노후 준비 필살기] 연금저축계좌 vs IRP

연금저축계좌와 라이벌격인 은퇴 상품이 있다. 바로 개인형퇴직연금계좌 (IRP)다. 둘은 같은 듯하면서 다르다. IRP는 개인이 퇴직금을 자신 명의의 퇴직계좌에 적립해 연금 등 노후 자금으로 활용할 수 있게 하는 제도로, 이직이 잦아 연금을 쌓을 기회가 적은 사람이 이용하면 좋다. 주부와 학생을 제외하고 소득이 있으면 누구나 가입할 수 있다. 이에 반해 연금저축계좌는 소득 유무와 관계없이 가입 자격이 주어진다.

둘 다 연말정산에서 세액공제를 받는 절세 상품이지만 연금저축계좌는 연간 400만 원, IRP는 연금저축계좌와 합쳐 700만 원까지 세액공제를 받을 수 있다. 운영상의 차이도 있다. IRP는 연금저축계좌엔 없는 위험자산 투자 한도(적립금의 70%)가 있다. 노후 자산의 수익률을 올리기 위해서라면 연금저축계좌가 더 유리하다.

연금저축계좌와 IRP의 또 다른 차이점은 자금의 중도 인출 여부다. 연금저축계좌는 세액공제를 받은 자금과 운용수익을 제외한 납입금에 대해 과세 없이 중도 인출이 허용된다. 이에 비해 IRP의 중도 인출 조건은 매우 까다롭다. 주택 구입이나 요양, 파산, 개인회생, 천재지변 등 법에서 정한 사유로만 자금을 중도에 꺼내 쓸 수 있다. 그 외에는 중도 인출이 허용되지 않기 때문에 적립금을 빼려면 계좌 전체를 해지할 수밖에 없다.

그러나 연금저축계좌는 적립금 인출 규제가 심하지 않다. 따라서 IRP 가입자인데 긴급 자금 수요가 발생했다면 IRP의 자금을 연금저축계좌로 이전해 필요 자금을 인출해 쓸 수 있다.

연금저축계좌는 가입 후 최소 5년이 지나고 55세 이상 돼야 연금을 수령할 수 있지만, IRP는 55세부터 언제든지 연금을 수령할 수 있다. 55세 이상인 연금저축계좌 가입자가 연금을 빨리 타고 싶다면 IRP로 이전하면 된다. 그러면 바로 연금을 수령할 수 있다.

집은 더 이상
자식에게 물려줄 자산이 아니다

현역과 은퇴의 차이는 무엇일까? 아무래도 현역 땐 회사에서 받는 월급으로 생활하지만 은퇴 후엔 일정한 고정 수입이 없기 때문에 가진 재산으로 생활비를 해결한다는 점이 아닌가 싶다. 은퇴자의 최대 고민은 역시 경제적 어려움일 것이다. 특히 우리나라 은퇴자는 재산은 있어도 현금이 없다는 것이 문제다. 재산의 상당 부분이 유동성이 떨어지는 부동산이다 보니 생활비 마련에 애를 먹는다. 통계청 조사에 따르면 연령대가 높을수록 전체 자산에서 부동산이 차지하는 비중이 늘어나는데, 60대 이상의 가구는 자산의 79%가 부동산인 것으로 나타났다.

부동산이 전 재산이다시피 한 은퇴자의 생활비 마련을 거들어 주는 것이 바로 주택연금이다. 주택연금은 소유한 주택을 담보로 맡기고 평생 매월 연금 조로 일정 금액을 지급받는 역모기지론이다. 부부 중 한 명이라도 60세 이상이고 거주 주택의 시가가 9억 원 이하면 누구나 가입 자격이 있다. 살던 집에서 계속 살면서 생활비까지 얻어 쓸 수 있으니 꿩 먹고 알 먹기다. 부동산만 있어 현금흐름이 부족한 은퇴자한테는 더없이 고마운 존재다. 부부 모두 사망한 뒤에 주택을 처분한 금액이 지급 총액보다 크면 그 차액은 자녀가 상속받는다. 반대로 지급액이 더 많을 때는 담보인 주택만 넘기면 그만이다. 가입자가 손해 볼 게 별로 없는 것이다.

가입자가 유리하다는 건 대출자가 불리하다는 말도 된다. 지금 같은 가입 추세가 이어진다면 국민연금처럼 주택연금도 고갈 문제가 불거질 수 있다. 감사원은 2040년까지 주택연금의 누적 손실이 4,600억 원에 달할 것이라고 경고했다. 아닌 게 아니라 주택연금 평균 월 지급금이 매년 줄고 있다. 전년 대비 지급액 감소율이 2013년 0.8%, 2015년 1.5%, 2016년 1.9%였다. 2017년에는 3.2%나 된다. 월 지급금이 감소하는 이유는 주택 가격 전망이 부정적이거나, 가입자의 수명이 늘거나, 금리 상승이 예상되기 때문이다. 주택연금은 첫 달 지급액이 끝까지 유지된다. 앞으로 지급액의 감소가 예상된다면 서둘러 가입하는 게 좋다.

2040년 연금 고갈 가능성

금융연구원에 따르면 표준 가입자(70세, 주택 가격 2억 8,200만 원)는 주택연금 가입으로 얻는 현금 이익이 담보주택 가치보다 평균 1,791만 원 더 많다. 주택연금은 주택 가격 상승률·가입자 생존율·시장 금리 등을 반영해 매년 조정되는데, 실제로는 집값의 변동성이 크기 때문에 이런 결과가 나온다. 결국 가입자가 오래 살수록, 주택 가격이 내려갈수록 가입자에게 유리하다는 얘기다. 현재 주택연금은 주택 가격이 매년 2.7%씩 상승한다는 가정 아래 지급액이 결정된다. 집값이 매년 2.7% 이상 오르지 않는다면 가입자는 그만큼 연금을 더 받아 이익이다. 하지만 주택연금 가입 뒤 집값이 크게 뛴다면 가입자에겐 불리하다. 이 경우엔 가입자가 대출이자와 보증료를 물고 중도 해지를 해 집을 판 다음, 값이 오른 다른 주택을 사서 이를 담보로 재가입할 수 있다.

한국주택금융공사에 따르면 2007년 7월 주택연금을 도입한 이래 2017년 3월 말 현재 모두 4만 4,358명이 집을 담보로 연금에 가입했다. 2015년 이후 2년여 동안 가입한 사람이 2만 1,724명으로, 도입 후 초반 8년 동안의 가입자 수(2만 2,634명)와 비슷하다는 점이 눈길을 끈다. 2017년 1분기에만 3,927명이 주택연금에 가입해 분기별 가입자 최대치를 기록했다. 2년 전만 해도 존재감이 크지 않았으나 최근 갑자기 뜨기 시작했음을 알 수 있다.

주택연금 가입자 평균 연령은 71.7세였으며 평균 주택 가격은 2억 8,500만 원, 월평균 수령액은 98만 5,000원이었다. 예컨대 배우자가 있는 1954년생(만 63세)의 남성이 시세 3억 원의 아파트로 주택연금에 종신형으로 가입한다면, 월 지급금은 70만 2,560원이다. 만약 1944년생(만 73세)의 남성이 같은 아파트로 연금을 받으면 지급금은 104만 7,340원까지 올라간다.

집, 상속 재산 아닌 노후 재원

주택연금이 이렇게 빠르게 자리를 잡은 것은 주택 상속에 대한 은퇴자의 생각이 달라지고 있기 때문이라는 분석이 많다. 얼마 전까지만 해도 집은 자식에게 물려주는 재산이라는 생각이 뿌리 깊었다. 그래서 자녀가 부모를 한집에서 봉양하고 부모는 자식에게 그 집을 물려주는 것이 일반적이었다. 하지만 평균 수명 연장으로 고령화 시대가 되면서 주택을 부모 자신을 위한 노후의 재원으로 쓰려는 경우가 늘고 있다. 자식 입장에서도 연로한 부모가 주택을 활용해 생활비를 해결하는 것이 봉양 부담을 덜어줘 상속보다 낫다고 여긴다는 것이다.

실제 주택금융공사가 2016년 주택을 소유한 만 55~84세 3,000가구를 대상으로 주택연금 수요 실태를 조사한 결과 25.2%가 보유 주택을 자녀에게 상속할 의향이 없다고 답했다. 이는 주택연금 시행 초기인 2008년 12.7%에 비해 두 배가량 높아진 비율이다. 2016년 24.3%에 비해서도 소폭 증가했다. 55~59세의 경우 39.1%가 상속 의향이 없는 것으로 나타났다. 주택연금을 선택하려는 이유로는 '자녀들에게 생활비 도움을 받고 싶지 않아서'라는 응답이 가장 많았다. 그 뒤를 이은 응답은 '노후 생활에 필요한 돈을 준비할 다른 방법이 없어서', '좀 더 풍족한 삶을 누리고 싶어서' 등의 순으로 나타났다.

하지만 주택연금은 말이 연금이지 실상은 대출 상품이다. 주택연금이 연금이 아니라는 사실은 세금이 붙지 않는다는 데서도 알 수 있다. 다른 연금은 소득이므로 세금이 따라붙는다. 주택연금을 연금으로 부르는 이유는 연금에 대한 수요층의 로망을 자극해 수요를 늘리고자 하는 마케팅적 측면이 강하다. 한국보다 먼저 이 제도를 도입한 미국은 역모기지론이란 말을 쓰고 있다. 엄밀히 얘기하면 주택담보대출과 비슷하다. 차이가 있다면 대출금을 한꺼번에 받고 원리금을 갚아 나가느냐, 아니면 이를 일정 금액으로 쪼개 나눠 받고 원리금을 한꺼번에 상환하느냐다. 주택연금은 중도 해지나 가입자의 사망 등 사유가 발생할 경우 담보 물건을 처분한 다음 대출이자(CD 금리+1.1%포인트)와 연간 보증료 등을 얹어 총 지급액을 회수한다. 대출이자와 보증료는 복리로 계산되기 때문에 대출기간이 길수록 상환 부담이 커진다. 따라서 다른 연금 재원이 충분하다면 주택연금 가입은 되도록 늦추는 게 좋다.

그래도 주택연금은 주택담보대출보다 비용이 싸다. 부부 중 한 명만 생존해 있어도 종신토록 지급되기 때문에 일반 주택담보대출보다 비싼 비용을 치러야 할 것이라고 오해하기 쉽지만, 그렇지 않다. 주택연금의 대출이자는 양도성예금증서(CD) 금리에 1.1%의 가산 금리를 적용하고 있으며, 일반 주택담보대출 금리보다 낮은 수준이다. 2017년 10월의 평균 CD 금리는 1.4%로, 주택연금에 적용된 대출금리는 평균 2.5%대였다. 은행권 신규 취급 주택담보대출 금리가 연 5%를 돌파했는데, 그 절반 수준에 불과하다.

주택연금은 초장기 상품이다. 불가피하게 중간에 해지해야 하는 상황이 생기면 생각보다 큰 손실을 볼 수 있다. 주택연금 가입을 고려하고 있다면 대출이자율과 관련 수수료 등을 정확히 파악하고 있어야 낭패를 당하지 않는다. 주택연금에 가입했다가 살던 집을 팔고, 집값이 오른 다른 주택으로 갈아타기 위해 해지하는 경우를 가정해 비용 문제를 차근차근 따져보자.

주택연금에 적용되는 대출이자율은 CD 금리에 1.1%포인트를 더해 적용된다. 지금 기준으로 연리 2.5%쯤 되는 이자율이다. 여기서 대출이자는 복리로 적용된다. 이 조건이 중요한 이유는 주택연금에 가입했다가 해지할 때 돌려줘야 할 금액이 훨씬 커지기 때문이다. 한 달에 연금을 100만 원씩 받는다면 첫 달 대출 금액은 100만 원에 연리 2.5%의 이자가 더해진 금액이 된다. 그리고 다달이 연금을 받을 때마다 이자가 더해진 금액에 다시 이자가 붙어 더해지는 것이다.

문제는 여기서 그치지 않는다. 연금을 받을 때마다 보증료라는 걸 내야 한다. 가입 시점에 초기 보증료로 주택 가격의 1.5%를, 그리고 해마다 보증잔액의 0.75%를 보증료로 계속 내도록 돼 있다. 이 보증료와 대출이자가 복리로 굴러가면서 상환 금액을 늘려놓는다.

한 달에 100만 원씩 10년간 주택연금을 받아 모두 1억 2,000만 원의 연금을 받았다가 해지할 경우, 자신이 받은 1억 2,000만 원에 수백만 원을 더 얹어 돌려줘야 한다는 계산이다. 만약 수령 기간이 20년, 30년으로 늘어난다면 대출 총액도 커지기에 복리이자 부담이 만만치 않게 된다.

지금은
노후 맞벌이 시대

서울 사당동에 사는 52세 가정주부 송모 씨는 최근 적립식 펀드 투자를 시작했다. 단순한 재테크 차원이 아니라 부부의 노후 재원을 만들기 위해서다. 남편의 정년이 5년밖에 남지 않았지만, 이렇다 할 노후 준비를 해놓은 게 없어 불안감이 커지고 있다. 남편이 아무리 애를 써도 단기에 원하는 노후 자금을 마련하는 데엔 한계가 있기에 자신이 도와주면 큰 힘이 될 것이라는 생각이다. 다음 달부터는 용돈을 아껴 국민연금에도 가입할 예정이다.

부부가 합심해 노후 준비에 나서는 가정이 늘고 있다. 은퇴 후 생활에 쓸 자금을 마련하기 위해 아내도 팔을 걷어붙이고 나서는 것이다. 갈수록 길어지는 은퇴 후 기간을 보내려면 남편 혼자 힘만으론 어렵다. 남편이 은퇴하고 나면 20년 이상, 길게는 40년 가까이 현역 때 벌어놓은 재산을 까먹으며 버텨야 한다. 백지장도 맞들면 낮다고 하듯이, 아내가 거든다면 노후 준비가 한결 수월해진다. 퇴직을 얼마 남겨두지 않고 노후 준비에 나선 예비 은퇴자는 단기에 필요 자금을 만들어야 하는 만큼 아내의 협업이 필수적이다.

여성은 자기 자신만을 위해서라도 별도의 노후 준비가 필요하다. 현재 여성 평균 수명은 85세, 남성은 79세다. 동갑내기라면 여성이 남성보다 6년 더 사는 셈이다. 그런데 대졸 이상 부부의 평균 연령은 여성 30세, 남성 32세로 여성이 두 살 어리다. 평균 수명과 결혼 연령의 차이를 고려하면, 부인이 남편보다 평균 8년 더 산다는 얘기다. 노후 설계를 할 때 이 기간을 고려하지 않으면 여성의 말년은 몹시 어려워질 수 있다.

여성이 노후 준비에 나서야 하는 이유는 또 있다. 아무리 생활이 팍팍한 노후라지만 기죽어 살 수만은 없지 않은가. 그동안 열심히 살았으니 여생만큼은 해외여행도 다니고 취미도 즐기며 여유롭게 지낼 자격이 있다. 그러려면 부부가 협력해 노후 재원을 넉넉하게 쌓아야 한다.

노후 준비도 남편한테만 맡기지 말고 맞벌이 정신을 발휘하자. 전업주부라도 투자라든가 연금 재원 마련, 보험 가입 등으로 얼마든지 역할을 할 수 있다. 남편과 아내가 노후 준비를 협업하면 재무적 안정은 물론 부부 관계도 단단해질 수 있다.

전업주부가 국민연금에 올라타는 길

전업주부는 직장인이 주로 가입하는 국민연금이 자신과 상관없는 그림의 떡이라고 생각할 수 있다. 그렇지 않다. 전업주부라도 국민연금에 올라타는 길이 있다. 임의 가입 제도를 이용하는 것이다. 남편이 직장에 다니며 국민연금을 붓고 있다면 부인의 임의 가입으로 국민연금 맞벌이가 가능해진다. 국민연금공단에 따르면 국민연금 맞벌이를 통해 2017년 매달 300만 원이 넘는 연금을 수령하는 부부가 생겼다. 다른 소득원 없이 국민연금만으로 여행도 다니면서 여유 있는 노후 생활이 가능한 수준이다.

임의 가입은 만 60세 이하라면 누구나 가능하며, 본인이 원할 땐 언제든 해지도 할 수 있다. 임의 가입 월 보험료는 소득 기준이 따로 없이 8만 9,100원부터 39만 6,000원 사이에서 자유롭게 선택할 수 있다. 월 수령액을 높이고 싶다면 월 보험료를 올리거나 가입 기간을 늘리면 된다. 현재 만 40세인 전업주부가 월 보험료로 매달 8만 9,100원씩 20년간 총 2,138만 원을 납부하면 만 65세부터 연금으로 매월 32만 4,630원을 평생 받을 수 있다. 우리나라 여성의 기대 수명인 85세까지 산다고 가정할 때 20년간 수령하는 국민연금은 약 7,791만 원이다. 수익률로 따지면 무려 270% 가까이 된다. 여기에 연금을 받는 시점의 물가 상승률까지 고려하면 연금 수령액은 크게 증가한다.

결혼·출산·육아 등의 이유로 직장을 그만둔 경력 단절 전업주부는 근무 기간이 짧아 국민연금 최소 가입 기간 10년을 못 채운 경우가 많다. 이런 사람들은 추납 제도를 활용해 부족한 기간만큼의 월 보험료를 한꺼번에 내서 최소 가입 기간 10년을 채우면 연금 수령 자격을 갖출 수 있다.

가계 부담 덜어주는 여성 전용 보험

여성은 남성에 비해 의료비 지출이 큰 데다 경제적 여건도 취약해 보장에 대한 수요가 크다. 그래서 여성 암과 질환에 대한 합리적 보장 혜택을 요구하는 목소리가 높다. 한국보건산업진흥원에 따르면 65세 이상 여성은 사망 때까지 의료비로 6,841만 원이 필요한 것으로 파악됐다. 이는 남성의 5,137만 원보다 훨씬 많은 금액이며, 여성 생애 의료비의 55.5%를 차지한다. 여성들이 스스로 의료비 보장을 미리미리 준비한다면 노후에 가계 부담을 크게 덜 수 있다.

손해보험사와 생명보험사들은 여성의 노후를 대비하고 질병을 보장하는 여성 전용 보험을 판매하고 있다. 여성 전용 보험은 유방암, 갑상선암을 비롯해 생식기 분야의 암(난소암, 자궁암)과 류머티즘성 관절염, 산과 질환 수술 등 여성에게 꼭 필요한 분야의 보장을 강화한 상품이다. 특히 일부 상품은 여성 질환 관리와 임신·육아 관련 상담과 같은 서비스까지 제공한다. 보험 업계 관계자는 "우리나라 여성들은 경제적 기반이 취약하고 일자리를 잡는 것도 상대적으로 어렵다"라며 "중대 질병이 발생할 경우 금전적인 어려움이 남성들보다 훨씬 커지기 때문에 미리 보장 장치를 만들어놓아야 한다"라고 강조하기도 했다.

의료비 지출,
어떻게 감당할 것인가

노후 준비라고 하면 대개 노후에 필요한 생활비를 마련하는 것만 생각한다. 정년퇴직이 얼마 남지 않았는데도 미처 노후 준비를 못한 예비 은퇴자들은 더 그렇다. 그러나 정작 은퇴자들을 곤경에 몰아넣는 것은 생활비보다 의료비인 경우가 많다. 생활비는 규모를 어느 정도 예측할 수 있고 모자라면 씀씀이를 줄일 수도 있지만, 의료비는 필요한 시기를 예측할 수 없는 데다 단기간에 막대한 비용이 들어가서다. 게다가 생명과 직결되기 때문에 줄이기도 어렵다.

통계청 자료에 따르면 지난 2013년 전체 가구의 소비 지출 중 65세 이상 고령자 가구의 의료비 비중은 15.3%로 평균치의 세 배 가까이 됐다. 또 전체 생애 의료비 중 65세 이후 발생하는 의료비의 비중이 50%를 넘을 정도로 노후에 의료비 지출이 집중됐다. 의료비는 저축이나 투자 상품보다는 보험을 활용해 대비하는 게 바람직하다. 그러나 많은 사람이 보험이 중요하다고는 여기지만 당장 급하다고 보지 않는다. 대체로 건강한 축에 속하는 사람이라면 더욱 그렇다. 빚을 다 갚거나 자녀의 대학 학자금을 모두 마련한 뒤 보험에 가입해도 늦지 않다고 생각한다. 그럼에도 보험 가입자가 많은 이유는 지인의 권유나 보험사의 마케팅에 회유됐기 때문이라고 보는 것이 정확하다. 그러다 보니 보장 내용을 잘 이해하지 못하고 마구잡이식으로 가입하는 예가 많아 과다·중복 보장에 따른 민원으로 보험사가 몸살을 앓기도 한다.

의료비 지출이 집중되는 노후의 재정적 부담을 덜기 위해 보험 가입이 필요하다고 느끼면서도 실제 행동으로 잘 옮기지 못하는 이유는 현재를 중시하는 인간의 본성 탓이다. 보험은 미래에 비가 올까 봐 준비한 우산인데, 지금은 비가 안 오니 그렇게 필요해 보이지 않는 것이다. 그러다 나이 들어 보험에 가입하려니 보험료가 왕창 올라가고 때에 따라선 가입 자체가 불허되기도 한다.

이런 사람이 의료비를 해결하는 길은 일정한 비상금을 만들어 목돈이 들어갈 상황에 대비하는 것이다. 비상금조차 만들지 못한다면 모아놓은 재산을 헐어 쓰는 수밖에 없다. 노후 자금도 모자라 쩔쩔매는 터에 의료비 부담까지 가중되면 가계 재정이 순식간에 악화된다. 노후 파산으로 가는 많은 은퇴자가 대개 이런 과정을 겪는다. 두렵지 않은가? 그렇다면 뭔가를 해야 한다. 보장 자산 준비를 소홀히 하면 나중에 비싼 대가를 치른다는 것을 인식해야 한다.

보험료는 투자 아닌 비용

고령화 시대에 건강에 대한 관심이 높아지면서 보험 가입은 선택이 아닌 필수가 됐다. 하지만 용어도 어렵고 상품 구조도 복잡해 일반인한테는 여전히 문턱이 높다. 하지만 몇 가지 기초적인 사항만 숙지하면 그렇게 난공불락의 성은 아니다. 무엇보다 보험료는 투자가 아니라 비용이란 점을 이해해야 한다. 아프거나 죽지 않으면 회수할 수 없는 돈이라는 이야기다. 만기환급형이라고 해서 납입한 보험료를 되돌려주기도 하지만 대신 보험료가 비싸다. 과하지 않은 수준에서 꼭 보험에 가입해두는 것이 현명하다.

노후 소득은 빤한데 의료비는 점증하는 상황에서 정부가 국민건강보험으로 의료비 일부를 보장해주는 것은 다행스러운 일이다. 하지만 국민건강보험은 급여 부분만 보장하고 비급여 부분은 민간보험으로 넘기고 있다. 게다가 국민건강보험은 재정 악화로 곧 적자 기조로 돌아설 것이란 전망이어서 급여 부분의 보장 확대를 기대하기 어려운 형편이다. 따라서 보험회사들이 파는 보장성 보험으로 의료비 보장을 보완해야 한다. 문제는 얼마만큼 가입하느냐인데, 전문가들은 월수입의 8~10%가 적정 수준이라고 본다. 가령 세후 수입이 월 300만 원이라면 20만 원 안팎 정도를 보장성 보험 예산으로 설정하고, 이 범위 내에서 보장 내역이 중복되지 않도록 본인과 가족의 보험을 설계하면 된다.

최근 보험 상품을 보면 상해와 질병을 종합적으로 보장하는 통합형이 주로 판매되고 있다. 따라서 상해보험이냐, 질병보험이냐를 따지기보다는 상품 내부에 어떤 특약이 포함되어 있는지를 살펴보는 것이 바람직하다. 상해와 질병 중 어떤 부분을 먼저 보장받는 것이 좋을까? 상해와 관련된 특약은 대부분 저렴한 보험료로 가입할 수 있다. 그만큼 보험금 지급 확률이 낮다는 의미다. 반면 질병을 80세 또는 100세까지 보장받을 수 있는 특약은 가격이 비싸다. 그러므로 질병을 보장받는 특약을 중심으로 구성하고, 부수적으로 상해와 관련된 특약을 끼워 넣으면 된다. 생명보험회사에서 파는 보험 상품은 사망(재해와 질병을 포함하는 일반 사망)을 보장하는 주계약에 '다양한 질병'과 '재해(상해)'를 보장하는 특약으로 구성되어 있다.

정기보험 보험료, 종신보험의 8분의 1

우선 조기 사망, 고도장해, 치명적 질병(CI) 등 보험이 꼭 필요한 상황을 중심으로 보장을 준비해야 한다. 가장이라면 가족이 슬픔을 이기고 새로운 환경에 적응할 수 있도록 최소 3년간의 생활비와 자녀 교육비, 부채를 고려하여 최소 3억 원의 사망보험금을 설정한다. 암 진단금의 경우 치료비와 치료 기간의 생활비를 고려하면 최소 1억 원의 진단금이 있어야 한다.

보장 범위를 넓게 가져가는 것이 중요하다. 보장의 범위가 좁으면 기대하는 보험금을 보장받지 못할 수 있다. 대표적인 경우가 CI 보험에서 보장하는 '중대한 암'인데, 중대한 암이 아니라 일반적인 암을 보장받을 수 있어야 한다. 또한 재해사망, 교통재해사망보다는 일반사망을 보장받을 수 있도록 보험을 설계하자. 또 수명이 연장되는 고령화 시대에 맞춰 보장 기간을 가능한 한 길게 설정하자. 아무리 보험금을 많이 받을 수 있다 해도 보장 기간이 끝난 후 보험사고가 발생한다면 아무 의미가 없다. 특히 대부분의 암보험이 70~80세에 보장이 종료되는데, 최근에 출시된 100세 또는 종신 보장 상품으로 보완하면 좋겠다.

정기보험은 종신보험처럼 사망을 보장하는 상품이다. 소비자가 20년 또는 65세, 70세, 80세 등 보장 기간을 선택할 수 있다. 보험사는 보장 기간 내에 소비자가 사망할 경우에만 보험금을 지급한다. 기간에 제한이 없어 일생에 한 번은 보험금을 받는 종신보험과 다르다. 종신보험은 가계를 책임지는 가장의 유고 시 가족의 경제적 어려움을 덜어주기 위한 것이지만, 은퇴하고 나면 이런 사망 보장 필요성이 크게 줄기 때문에 어떤 면에선 낭비일 수 있다. 따라서 요즘은 종신보험보다는 실속형인 정기보험을 많이 찾는 추세다. 정기보험의 보험료는 종신보험에 비해 최대 8분의 1 수준으로 저렴하다. 이 상품은 보험료 수준에 따라 순수보장형과 50% 환급형 등으로 나뉜다. 환급형은 보험금 지급 사유가 발생하지 않으면 가입자가 낸 돈의 일부를 돌려준다. 대신 보험료가 비싸다는 단점이 있다.

'국민보험'인 실손보험은 반드시 가입해야 한다. 실손보험은 우리나라 국민의 65%가 가입하고 있을 만큼 가입률이 높은 상품이다. 기본형 가입 시 입원 의료비 기준 본인 부담금을 제외하고 급여 90%, 비급여 80%까지 보장받을 수 있다. 단 보장 한도는 입원비

5,000만 원, 외래비와 약제비는 합산 30만 원이다. 비급여 주사제, 자기공명영상검사인 비급여 MRI, 비급여 도수와 체외 충격파 등은 특약형을 추가 가입해야 보장받을 수 있다. 실손 의료비 특약은 두 건 이상 가입했어도 중복 보상을 받을 수 없다.

실손보험은 1년마다 갱신돼 보험료가 올라가므로 정확하고 빠르게 보상해주는 보험사를 선택하는 것이 중요하다. 고령자라고 해서 가입이 무조건 제한되는 것은 아니다. 과거에는 최고 70세까지만 실손보험에 가입할 수 있었지만 노후 실손보험 도입으로 80세까지 가입 연령이 확대됐다. 특약을 제외하고 실손보험 내용만 단독 형태로 가입할 수도 있다.

[노후 준비 필살기] 보험, 이것이 궁금하다!

평소 보험에 대해 부정적인 인식이 있던 사람도 주변에서 암과 같은 중증 질환에 걸려 치료비 문제로 고생하는 사람을 보면 보험의 중요성을 느낀다고 한다. 일반인이 의료비 재원을 마련하기 위해 보험에 가입할 때 궁금해하는 사항을 살펴보자.

Q. 만기환급형으로 할까, 순수보장형으로 할까?

A. 보험료는 크게 세 가지로 구성돼 있다. 첫째는 위험보험료로, 다수의 계약자로부터 보험료를 받아 보험사고에 보험금을 지급하기 위한 비용이다. 실제 보장에 쓰이는 보험료라고 볼 수 있다. 둘째는 부가보험료로, 보험회사의 영업 활동에 사용되는 비용이다. 설계사에게 모집수당을 지급하는 신계약비·유지비·수금비로 구성된다. 셋째는 저축보험료로, 이 부분이 적립되어 쌓인다. 동시에 공시이율에 따라 이자도 붙는다. 만기환급은 바로 이 저축보험료가 있기에 가능해진다. 낸 보험료를 모두 돌려받는 100% 만기환급형 보험은 고객이 낸 돈을 모았다가 돌려주는 것이 아니라 저축보험료와 이자를 더하여 만기에 고객이 낸 돈의 합과 일치하도록 만들어진 상품이다. 따라서 만기환급형 보험은 순수보장형 보험보다 비싸다.

그렇다면 보험을 어떻게 가입하는 것이 합리적일까? 첫 번째로 고려해야 할 사항은 보험료가 매월 지출하는 비용이라는 것이다. 당연히 최소한의 비용으로 최대한의 보장을 설계하려면 만기환급이 전혀 없는 순수보장형 보험이 유리하다. 두 번째로 고려해야 할 것은 고객 본인의 성향이다. 보험료를 비용으로 인정하고 만기환급을 포기할 수 있다면 순수보장형 보험이 유리하다. 하지만 일어나지도 않는 보험사고에 돈을 내는 것이 억울한 생각이 든다면 조금 비싸더라도 만기환급형 보험을 선택하면 된다.

Q. 계약자와 피보험자는 누구일까?

A. 보장성보험 계약에서 '계약자'란 보험료를 납부하는 사람이라고 보면 되고, '수익자'는 보험사고가 발생했을 때 보험금을 받아 가는 사람이다. 마지막으로 보험의 대상이 되는 사람을 '피보험자'라고 한다. 보험회사는 피보험자가 아프거나 다쳤을 때 보험금을 수익자에게 지급한다.

Q. 납입 기간은 길게 할까, 짧게 할까?

A. 보장성보험에 가입할 때는 계약자가 보험료 납입 기간을 선택할 수 있다. 보장 금액이 동일한 경우 납입 기간이 길면 다달이 납부하는 보험료가 줄어든다. 납입 면제 혜택도 있다. 보험 가입자가 보험료를 납입하던 중에 질병이나 상해로 보험료를 납부하지 못하게 됐을 때 보험사가 앞으로 납입할 보험료를 면제해주는 것이다.

3장

손해 보지 않는
투자 원칙

주가가 싼 것은 수요자보다 공급자가 많기 때문이다. 군중심리를 좇다 보면 주가가 쌀 땐 사지 못한다. 반대로 주가가 오르는 건 주식을 사려는 사람이 많을 때인데, 대중을 따르는 사람은 그제야 시장에 뛰어들어 비싸게 산다. '내가 사면 내리고 내가 팔면 오른다'고 한숨짓는 개인 투자자가 많은 이유다.

머피의 법칙을 극복할
투자 10계명

증시는 무질서한 데다 불안하고, 통계가 먹히지 않는 괴물이다. 전혀 예기치 않은 사건이 터졌을 때 무섭게 곤두박질치기도 하는 혼돈의 세계다. 주가는 절대 일정한 패턴으로 움직이지 않는다. 과거도 미래도 없이 오직 현재만 존재한다. 어쩌면 인간이 주가를 예측한다는 건 부질없는 짓일지도 모른다. 한 가지 분명한 것은 주가는 비틀거리면서도 제자리를 찾아간다는 사실이다. 하지만 대부분의 개인 투자자는 그 과정을 인내하지 못할 뿐 아니라 비이성적으로 행동해서 늘 '루저'가 된다. 어떻게 하면 수익이라는 맛 좋은 열매를 따 먹을 수 있을까?

매일 지하철로 출근하다가 그날따라 택시를 탔는데 교통이 막혀 지각하거나, 열심히 시험공부를 했지만 자신이 보지 않은 곳에서 시험 문제가 나와 당황했던 기억이 있을 것이다. 어떤 물건을 찾다가 못 찾아서 새것을 사면 그 물건이 바로 눈에 띄어 속상했던 경험도 한 번쯤은 있을 것이다. 우리가 사는 세상은 일어나지 않았으면 하는 일일수록 더 잘 일어난다. 바로 '머피의 법칙'이다. 자신에게 불리한 상황이 우연히, 반복적으로 나타나는 현상을 비유한 말이다.

머피의 법칙이 강하게 작용하는 곳 중 하나가 '쩐의 전쟁'이 벌어지는 주식 시장이다. 주식 투자로 수익을 남기려면 쌀 때 사서 비싸게 팔면 된다. 이론적으론 아주 간단하다. 그런데 이게 말처럼 쉽지 않다. 행동은 오히려 거꾸로다. 비싸게 사서 싸게 파는 것이다. 그래서 개인 투자자 사이에서 "내가 주식을 사면 주가가 내리고, 팔면 오른다"라는 푸념이 나온다. 기관 투자가 같은 전문가 집단이 아닌 개인으로선 피하기 힘든 운명이다. 그렇다고 남들도 마찬가지라며 위안하고 넘어갈 순 없다. 재산상의 손실을 반복하다가 주식 시장에서 밀려나게 될지도 모르기 때문이다.

주식 시장에서 '집단의 힘'은 위험

주식 시장은 잠시도 방심을 허용치 않는 위험한 곳이다. 투자 손실은 일상사고, 어렵게 쌓은 공든 탑이 한순간에 날아가 버리기도 한다. 개인 투자자들 혼자선 이런 위험한 바다를 헤쳐 나갈 수 없기에 집단의 힘을 빌리고 싶어 한다. 위험이 닥쳐도 여러 사람이 함께 있으면 안정감이 생긴다. 위험이 언제 어느 곳에서 튀어나올지 모르는 상황에선 남들을 따라 행동하는 게 살아남는 방법일 수 있다.

또 개인은 집단이 가진 정보에 영향을 받는다. 여행지에서 괜찮은 식당을 고르는 확실한 방법은 손님이 많은 곳을 찾는 것이다. 많은 사람이 선택했다면 그것은 합리적이고 효율적이라고 믿는다. 그대로 따라 하면 직접 정보를 수집하고 분석하는 데 드는 시간과 노력을 아낄 수 있다.

개인은 집단이 답을 알고 있다고 단정 짓는다. 주식 시장에서도 비슷한 일이 벌어진다. 주변의 여러 사람이 정보통신(IT) 주식을 사 돈을 번다면, 나도 똑같이 해서 돈을 벌 수 있다고 생각한다. 그래서 한 명, 두 명 '사자!' 무리에 합류한다. 편승하는 사람이 많을수록 더 많은 사람이 뒤따른다.

그러나 주식 투자는 맛집을 고르는 것과는 다르다. 손님이 많다고 찾아간 식당인데 음식 맛이 없다면 기분이 나쁜 것으로 끝나지만, 주식 투자를 잘못하면 바로 금전적 손실로 연결된다. 손실을 보는 것은 누구나 죽기보다 싫어한다. 많은 사람이 주식을 사 공급자 우위의 시장이 된다면 재앙이 서서히 고개를 든다. 작은 사건이나 실수 하나만으로도 주가는 모래성이 무너지듯이 와르르 주저앉는다. 시장은 손실을 피해 빠져나오려는 투자자들로 아수라장이 된다. 예컨대 2008년 글로벌 금융위기는 이전에 수년간 지속된 호황이 남긴 후유증이었다.

집단적으로 제시된 정보를 대하는 태도도 문제다. 가령 주가가 오르고 시장이 들썩이면 경제신문이나 증권 사이트의 구독자가 급증한다. 기사 내용은 다 엇비슷하다. 유망 종목과 돈 번 투자자들에 관한 이야기가 주를 이루며, 시장의 랠리(증시가 약세에서 강세로 전환하는 것)가 시작됐다는 장밋빛 전망이 넘쳐난다. 따지고 보면 구독자들이 신문을 열심히 읽는 이유는 새로운 정보를 얻으려는 게 아니라 자신이 믿고 있는 것을 확인하기 위해서다. 자기에게 불리한 정보는 유리하게 해석하거나 아예 무시하기도 한다. 보유 종목의 주가가 오르고 있을 때면 그 종목에 투자한 자신의 결정을 지지하고 인정해주는 기사만 골라 읽는다. 하지만 시장이 하락기로 접어들면, 이상하게도 경제신문이나 증권 전문지의 인기가 시들해져 구독을 중단하는 사례가 많아진다.

실제로 경제신문들은 시장 하락기에 판매가 급감해 골머리를 앓는다. 시장 하락기엔 가치 있는 정보가 더 필요한데도 그렇다. 그러다 손실 폭은 더 커지고, 결국에는 될 대로 되라며 자포자기 심정에 빠진다. 결국 엄청난 손실을 견디지 못하고 주식을 처분한다. 여기서 또 한 번 땅을 치고 통곡할 일이 발생한다. 참다 참다 팔아치운 그 시점이 주가가 바닥인 경우가 많아 주가가 이내 방향을 바꾸는 것이다. 개인들이 주식 시장에서 재산을 날리는 과정이 대개 이렇다. 입맛에 맞는 정보만 선택하고 나머지는 무시하는 '인지의 모순'에 빠져 있기 때문이다.

주식 투자의 답, 현명한 거리두기

거친 시장에서 살아남으려면 군중심리에 휩쓸려서는 안 된다. 집단에 의지하는 투자 방식이 얼마나 위험한지는 수요와 공급의 원리로도 간단하게 설명할 수 있다. 주가가 싼 것은 수요자보다 공급자가 많기 때문이다. 군중심리를 좇다 보면 주가가 쌀 땐 사지 못한다. 반대로 주가가 오르는 건 주식을 사려는 사람이 많을 때인데, 대중을 따르는 사람은 그제야 시장에 뛰어들어 비싸게 산다. '내가 사면 내리고 내가 팔면 오른다'고 한숨짓는 개인 투자자가 많은 이유다. 군중심리를 따르다간 손해를 본다는 것은 불문가지다. 그래서 투자의 고수들은 군중심리를 가장 경계한다.

세계적인 주식 거부이자 투자회사 버크셔해서웨이의 회장인 워런 버핏은 2000년대 초 IT 버블 시기에 IT 주식을 단 한 주도 보유하지 않은 것으로 유명하다. 그가 IT 버블 붕괴에서 살아남은 비결이다. 또 버크셔해서웨이 본사도 뉴욕 월스트리트에서 멀리 떨어진 네브래스카주 오마하라는 시골 마을에 있다. 군중심리에 휩쓸리지 않기 위해서다. 똑같이 생각하고 믿고 느끼는 사람들에 둘러싸여 있으면, 그 집단의 감정이나 믿음에서 벗어나기 어렵다. 버핏은 월스트리트에서 떨어져 시장의 움직임을 지켜봄으로써 분위기에 휩쓸리지 않고 의사결정을 할 수 있었다. 우리나라에도 여의도 주식 시장과 거리를 두는 금융회사가 여럿 있다. 메리츠자산운용이나 에셋플러스자산운용이 그런 곳이다. 메리츠자산운용은 서울 북촌에, 에셋플러스자산운용은 성남시 판교에 둥지를 틀고 있다.

주식 투자에서 머피의 법칙을 벗어나려면 어떻게 해야 할까? 영화 〈인터스텔라〉를 기억하는가? 이 영화 속 주인공 딸의 이름이 마침 머피다. 딸이 아버지에게 "왜 내 이름을 머피로 지었어? 머피의 법칙이랑 관련이 있는 거야?"라고 물었다. 아버지는 이렇게 답한다. "머피의 법칙은 나쁜 일이 생긴다는 뜻이 아냐. 그냥 일어날 일은 일어난다는 의미지. 아빠는 0.1%의 확률로 생길 일이 일어났다 해도 거기에 의미를 두지 않아."

'머피의 법칙'에서 벗어나는 투자 10계명

주식 시장이 침체일 때는 물론이고 상승세일 때도 개인들은 투자로 재미를 보지 못한다. 어쩌면 머피의 법칙은 인간이기 때문에 짊어져야 할 숙명일지도 모른다. 문제는 이게 반복되면 어느 순간 빈털터리가 된다는 점이다. 머피의 법칙을 벗어나는 '투자 10계명'을 정리한다.

1. 주식은 소유물이 아니라 잠시 스쳐 가는 인연일 뿐이다

어떤 물건을 소유하면 그 물건의 가치를 높게 평가하게 되는데, 이를 심리학에선 '소유 효과'라고 한다. 소유가 물건에 대한 가치관을 바꿔 소유하는 순간 물건의 가치가 올라가는 것을 의미한다. 소유 효과는 오래 소지한 물건일수록 더 강하게 나타난다. 중고품이 거래되는 벼룩시장에선 판매자가 가격을 높게 부르는 바람에 거래가 잘 성사되지 않는 일이 비일비재하다. 하지만 일반 시장의 상인은 판매할 상품을 소유물이 아니라 잠시 보관하는 물건으로 생각하기 때문에 소유 효과의 영향을 덜 받는다. 상품권처럼 추상적인 물건도 소유 효과가 잘 나타나지 않는다.

주식은 어떨까? 자신이 보유한 주식을 구체적인 물건으로 생각하느냐 아니면 단순히 종잇조각으로 보느냐에 따라 달라진다. 내가 보유한 주식이 발행된 회사를 '내 기업'이라고 생각한다면 소유효과는 아주 위험할 수 있다. 무언가에 개인적인 감정을 이입할수록 헤어지기 어려운 것처럼, 잘못된 판단으로 구입한 주식의 가격이 자꾸 떨어져도 쉽게 팔지 못한다. 언젠가는 오를 것이라며 희망고문을 하다가 급기야 큰돈을 날릴 수도 있다.

주식 투자에서 소유 효과를 벗어나는 길은 주식을 소유하는 물건으로 보지 않고 잠시 머물렀다 다른 사람한테 가는 종이에 불과하다고 생각하는 것이다. 그러면 애착이 사라져 쉽게 헤어질 수 있다. 또 다른 전략은 '초심으로 돌아가기'다. 보유한 주식을 팔기가 망설여진다면 '이 종목에 투자하기로 했던 당시로 돌아간다면 과연 지금 시점에도 이 종목을 살까?'라고 스스로에게 물어보는 것이다. 처음부터 다시 시작하는 마음을 가지면 소유 효과에서 벗어나는 게 그리 어렵지 않다.

2. 본전 생각은 투자를 망친다

경제학 용어 중에 '매몰 비용'이라는 것이 있다. 한번 지출하면 회수되지 않는 비용이라는 개념이다. 모든 경제 활동에는 여러 비용이 발생하기 마련인데, 그중에서도 엎질러진 물과 같이 다시 주워 담을 수 없는 비용을 말한다. 주식 투자에선 원금이 바로 엎질러진 물이다. 내가 마음먹는다고 회수할 수 있는 돈이 아니란 얘기다.

한번 투자한 원금에 매달리다간 죽도 밥도 안 된다. 이때 현명한 처신은 잊는 것뿐이다. 합리적 선택을 하려면 매몰 비용에 매달려서는 안 된다. 하지만 원하든 원치 않든, 인간은 종종 매몰 비용의 함정에 빠진다. 투자한 비용, 시간, 노력 등이 아까워 더 큰 손해를 입을 가능성이 있음에도 포기하지 못하는 것이다.

사람들은 이미 투자한 곳에 계속 투자하려는 경향이 있다. 잘 안다고 믿기 때문일 것이다. 혹 잘못된다 해도 잘 모르는 데 투자했다가 낭패를 보는 것보다는 덜 억울하다고 생각한다. 그런데 투자를 계속할 것이냐 아니면 그만둘 것이냐를 결정하는 데 지금까지 투자한 돈이 영향을 미쳐선 안 된다. 실패할 확률이 크다는 것을 알았다면 지금까지 얼마를 투자했든 바로 발을 빼야 지혜로운 투자라 할 수 있다. 망설이는 시간이 길면 길수록 더 많은 돈을 잃는 것은 물론이고 만회할 기회마저 날리고 만다. 이미 잃은 돈에 집착하는 한 절대 투자에 성공할 수 없다.

3. 돈 벌었을 때가 가장 위험하다

투자에 성공한 것은 우연일 뿐인데 사람들은 스스로 실력이 있다고 믿는 경향이 있다. 우연한 수익을 얻은 경우 더욱더 자신의 능력을 과신하게 된다. 그러다가 주가를 예측할 수 있다며 극단적 낙관주의에 빠져 위험한 투자에 발을 들여놓는다. 또 투자에 실패해도 다시 회복할 수 있다는 낙관적 기대를 버리지 못한다.

인간은 주변 상황을 자기에게 유리한 방향으로 해석하고 상대방에게는 불리한 쪽으로 생각해 심리적 안정을 얻으려는 본능이 있다. 자신에 대한 지나친 편향성이다. 이런 성향은 전문가 집단에서 두드러진다. 한 컨설팅회사가 펀드매니저들을 대상으로 설문조사를 했는데, 70%가 자신의 능력이 상위권에 속한다고 응답했다. 나머지 29%는 중위권에 속한다고 말했고, 스스로 하위권이라고 답한 펀드매니저는 거의 없었다. 통계적으로 말도 안 되는 이야기다.

주식 투자자들도 대부분 자신이 보통 이상의 실력을 갖추고 있다고 자만한다. 나쁜 일은 내가 아니라 다른 사람에게 일어난다고 생각하고, 모든 상황을 자신이 마음먹기에 따라 좌지우지할 수 있다고 믿는다. 그런 생각은 증시가 호황일 때, 그리고 어쩌다 투자한 주식이 올랐을 때 풍선처럼 부풀어 오른다. 그러다 있는 재산 다 날리고 한숨의 나날을 보내는 투자자가 셀 수 없이 많다.

4. 나무보다 숲을 보라

인간은 그다지 합리적이지 않다. 비상식적인 행동을 하거나 이상한 판단을 내린다. 100만 원에 산 주식의 가격이 20% 올랐다고 해보자. 많은 사람이 주식을 팔아 수익을 거두고 싶어 할 것이다. 하지만 20% 떨어졌을 때는 대부분이 더 지켜보자고 결정한다. 수익은 재빨리 현실화하고 싶어 하는 반면, 손실의 현실화는 최대한 뒤로 미루려는 것이 사람 심리다. 같은 금액이라도 이익을 낼 때의 기쁨보다 손실의 고통이 훨씬 크기 때문이다. 이를 '손실 회피 심리'라고 한다. 손실을 피하려다 보면 불안감 탓에 매매가 잦아지기 마련이며, 그러다 보면 돈을 크게 벌 기회도 놓치고 만다.

손실을 계산할 때도 나무가 아니라 숲을 봐야 한다. 즉, 종목 하나하나만 따지지 말고 포트폴리오 전체를 조망해야 한다는 얘기다. 또 작은 손실을 큰 수익과 합쳐서 계산하는 것도 좋은 방법이다. 큰 수익에 작은 손실이 가려져 손실 회피 심리를 줄일 수 있다. 가격이 떨어진 주식을 매도하는 게 아까울 경우, 전체 포트폴리오가 여전히 흑자라고 생각하면 결정을 내리기가 쉬워진다.

5. 시장과 일정한 거리를 유지하라

군중심리도 인간이기에 쉽게 빠지는 함정이다. 군중심리가 가장 강하게 작용하는 곳이 주식 시장이다. 혼자선 절대로 그 위험한 바다를 헤쳐나갈 수 없기에 누구나 집단의 힘을 빌리고 싶어 한다. 위험이 닥쳐도 여러 사람이 같이 있으면 위안이 된다. 남들을 좇아 행동하면 뛰어나지는 못해도 중간은 갈 것이라고 생각한다. 그러나 주식에 투자할 때 군중심리에 빠지는 것은 무덤을 파는 행위다. 쌀 때 사서 비쌀 때 파는 정석 투자를 하지 못해 패배자가 될 확률이 크다.

개인 투자자는 의식적으로 시장에서 한 걸음 떨어져 있어야 한다. 이게 군중심리를 벗어나는 현명한 길이다. 틈만 나면 펀드 수익률을 계산하고 주가를 들여다보거나, 증권사의 시황보고서를 찾아 빼놓지 않고 읽는 사람치고 투자에 성공하는 사람은 드물다. 계좌 잔고를 수시로 확인하면 조급증의 포로가 돼 뇌동 매매에 휘말리기 쉽다.

6. 투자 세계는 우연의 연속, 법칙을 잊으라

주식 차트는 주가 변동 추이나 거래량 변동 상황을 그래프로 표시한 것인데, 차트 분석가들은 주가에 일정한 법칙이 있다고 믿는다. 이동평균선·지지선·저항선·머리어깨형·쌍봉형·이중바닥형 등이 이들이 만들어낸 법칙으로, 주가가 규칙적인 패턴을 가지고 움직인다고 주장한다. 그러나 증시에 영향을 미치는 사건들은 대부분 우연히 발생했다고 보면 된다. 환율 급등, 선거 결과, 지진, 전쟁 등은 과거에 예정됐던 사건이 아니고 바로 눈앞에서 벌어지는 현실이다. 지난 주가 흐름과는 아무 관련이 없다.

주가 흐름에서 일정한 패턴이 반복된다 하더라도 이에 빠져들지 말아야 한다. 패턴의 연관성은 필연적인 인과관계가 아니라 우연에 의해 생긴 것이 많아서다. 자료에서 연관성을 먼저 찾고 그다음에 해석한다거나 하면 우연을 과대평가할 위험이 커진다. 어떤 지표가 주가와 관련이 있는 것처럼 보인다면, 반드시 의심의 눈초리로 대해야 한다. 왜 관련이 있는지, 그리고 미래에도 계속 관련이 있을지 따져봐야 한다.

7. 의심하고 또 의심하라

노후 준비를 위한 투자라면, 나이가 젊을 때인 초기엔 공격적으로 주식에 투자하다가 나이가 들면 안정적인 상품으로 갈아타는 것이 좋다. 거의 모든 전문가가 추천하는 방법이다. 하지만 실제로는 이런 방식으로 노후 준비를 하는 사람이 거의 없다. 60~70%가

처음에 선택한 노후 준비 방식을 바꾸지 않는다고 한다. 하지만 해 오던 대로만 하려다가는 큰 대가를 치를 수 있다. 금융회사들은 사람들의 이런 습관을 마케팅에 이용하기도 한다. 예를 들면 시중금리보다 수익률이 좋은 특판 상품을 한시적으로 파는 것인데, 고객들은 특판 기간이 끝나도 계좌를 옮기기가 귀찮아서 그 금융회사를 떠나지 않는다고 한다. 금융회사는 약간의 비용을 들여 많은 자금을 유치할 수 있지만, 고객은 돈이 묶이는 바람에 더 수익이 좋은 곳에 투자하지 못해 기회비용을 물어야 한다. 이 세상엔 공짜가 없다는 걸 명심하면서 금융회사의 마케팅 전략에도 의심의 눈초리를 보내야 한다.

8. 증시의 위기는 기회다

주가 변동은 절대 일정한 패턴으로 일어나지 않는다. 한 가지 분명한 것은 주가의 급등락은 제자리를 찾아가는 과정이란 사실이다. 확률적으로 수천 분의 1에 불과한 위기가 2000년대 들어 툭하면 터졌다. 이 시기에 증시의 글로벌화가 급격히 진행됐다. 예전엔 지역별 또는 나라별로 국한됐던 위기가 시장의 칸막이가 제거되면서 일파만파로 번졌다. 아이러니하게도, 글로벌화가 위기를 증폭하는 원인 제공자가 된 것이다. 증시에 위기가 찾아오면 투자나 노후 준비 같은 재무 활동은 도로아미타불이 된다.

이제부터는 금융 시장의 불안정성을 비정상이 아닌 보편적 과정으로 인식해야 한다. 전문가들은 위기의 출현을 예견하는 것이 불가능하다면, 위기가 나타날 확률보다는 그 결과에 대해 더 많이 생각하라고 충고한다. 평소엔 가진 자산 대부분을 안전한 곳에 투자하고 아주 작은 부분을 위기 때 공격적으로 베팅하는 전략도 효과적이다.

9. 푼돈의 착각에 속지 말라

돈을 소비하는 데는 상대성이 있다. 해외여행을 할 때 큰돈이 들어가는 항공권이나 숙박비와 비교하면 외식비는 상대적으로 저렴해 보인다. 하지만 나중에 카드 사용 명세서를 보고 외식비가 예상외로 많이 나온 것을 발견하고는 깜짝 놀라게 된다. 펀드 투자에서도 이런 상대성이 작용한다. 투자 금액의 1%도 안 되는 판매·운용수수료를 우습게 알고 매매를 일삼다간 큰코다친다. 소소한 비용일지라도 쌓이면 무시할 수 없는 액수가 되기 때문이다. 특히 연 5%의 수익도 내기 힘든 요즘은 펀드 선택을 잘못해 수익이 변변치 않을 경우 매년 금융회사에 꼬박꼬박 바치는 수수료 탓에 손실이 커질 수 있다. 돈의 상대성 때문에 비용을 별것 아닌 듯 착각하지 말아야 한다.

10. 지금 바로 시작하라

고령화 시대에 노후 삶의 질은 오래 쓸 수 있는 자산을 만들 수 있느냐 없느냐로 좌우된다. 자산 증식을 위해선 주식이나 펀드 같은 투자 상품을 활용하는 것이 유리하다. 이들 위험자산은 원금 손실이란 뼈아픈 약점이 있지만, 시간의 흐름이 그 약점을 덮어준다. 주가가 오르기를 기다릴 시간이 넉넉한 사람은 해볼 만한 게임이다. 문제는 실천이다. '미래의 나'는 지금 노후 준비를 해야 한다는 걸 알고 있지만 '현재의 나'는 당장 먹고사는 일이 급하기 때문에 노후 준비의 효용을 잘 모른다. 미래의 내가 현재의 나를 이기는 길은 단 하나, 지금 바로 시작하는 것이다. 그 시작도 강제성을 띠는 것이 좋다. 이를테면 자동이체를 이용하는 것이다. 다만 얼마라도 매달 꼬박꼬박 저축하면서 잊고 지내다 보면 수년 후 놀라운 기적이 만들어진다.

리스크와의 전쟁에서
이기는 법

사람들은 리스크를 싫어한다. 어지간하면 피하려고 한다. 그러나 투자에서 보상을 받으려면 리스크와 맞서 싸워야 한다. 투자의 미래는 아무도 모르고, 그래서 불안하다. 싫건 좋건 미래라는 짙은 안갯속에 지뢰밭처럼 깔려 있는 리스크를 만나게 된다. 꾀를 써서 피해야 할 리스크도 있고, 용감하게 끌어안고 가야 할 리스크도 있다. 리스크에 맞서려면 리스크의 본질부터 파고들어야 한다. 투자 결과를 송두리째 바꿔놓을 수 있는 숱한 리스크 중 경제 이론이 설명할 수 있는 건 작은 부분에 불과하다. '천의 얼굴'인 리스크의 정체를 완벽하게 밝혀낼 순 없겠지만, 기본적인 개념부터 실마리를 찾아 들어가면 막연한 두려움도 어느 정도는 걷힐 것이다.

불멸의 법칙 '하이 리스크 하이 리턴'

요즘 금융 시장에서 자주 쓰이는 단어 중 하나가 변동성이다. 변동성은 한마디로 가격의 변화를 가리킨다. '변동성이 커진다'라는 건 곧 가격이 심하게 출렁거린다는 뜻이다. 손실 구간이건 이익 구간이건 간에 변동성이 커지는 것은 바람직하지 않다. 투자 수익에 악영향을 끼치기 때문이다. 변동성은 리스크의 또 다른 이름이다. 수익과 리스크는 동전의 양면과 같다. 수익이 없으면 리스크가 있을 수 없으며, 리스크가 생겨나는 근원이 바로 수익이다. 왜 그럴까?

투자론부터 알아보겠다. 펀드가 하나 있다. 이 펀드의 기대수익은 '무위험 수익'과 위험을 감수하는 데 따른 보상인 '리스크 프리미엄'으로 구성된다. 무위험 수익률은 투자하면 기본적으로 받게 되는 수익률이다. 보통 위험이 전혀 없는 것으로 여겨지는 국채 수익률이 여기에 해당한다. 국채 투자는 손실 가능성, 다시 말해 리스크가 전혀 없는 것으로 간주된다. 이에 비해 리스크 프리미엄은 투자 위험의 크기에 따라 얻게 되는 보상을 뜻한다. 국채는 리스크 프리미엄이 제로인 상품이다. 만약 무위험 수익률이 3%인 상품에 대해 5%의 수익을 기대한다면 리스크 프리미엄이 2%다. 리스크 프리미엄은 리스크의 크기에 비례한다. 다시 말해 수익에 대한 기대가 커질수록 리스크도 커진다는 의미다. 투자의 대원칙은 '하이 리스크 하이 리턴'이다. 이는 모든 투자에 예외 없이 적용되는 불멸의 법칙이다. 이 법칙은 어떻게 성립되는 걸까?

리스크가 매우 큰 상품이지만 투자자에게는 무위험 이자율만 준다고 가정해보자. 이 상품에 가입할 사람은 없을 것이다. 인기가 떨어지면 가격도 내려간다. 가격이 내려가면 기대 수익률이 슬슬 올라간다. 동일한 상품을 싼 가격에 사는 거니까 당연히 높은 수익률을 기대할 수 있다. 가격 하락은 리스크 프리미엄이 어느 정도 생길 때까지 계속된다. 하이 리스크 하이 리턴 법칙이 '시장의 보이지 않는 손'에 의해 자동으로 실현된다는 것을 알 수 있다. 한마디로 수익률이 높은 상품은 그만큼 원금 손실 가능성도 크다는 결론이 나온다.

만약 원금보장도 되고 높은 수익률을 준다는 상품이 있다면 그건 사기일 가능성이 크니 주의해야 한다. 수익이 높은 만큼 리스크도 커야 하는데 원금보장이라니 앞뒤가 맞지 않기 때문이다. 비슷한 시기에 출시된 펀드들은 수익률도 비슷해야 정상이다. 만약 수익률이 특출한 펀드가 있다면 일단 의심부터 해야 한다. 이처럼 수익과 리스크의 관계를 알면 펀드 선택의 오류를 줄일 수 있다. 펀드 선택은 적절한 수익 - 리스크 구조를 갖는 상품을 찾아가는 과정이라고 보면 된다.

'원금보장에 높은 수익률'은 거짓말

그러나 아무리 잘 고른 펀드라도 시장에 나오면 이야기가 달라진다. 시장은 말 그대로 거친 바다다. 잔잔할 땐 양처럼 순해 보이지만 폭풍우가 몰아칠 땐 무섭다. 시장은 절대 경제 이론대로 움직이지 않는다. 종국에는 경제 상황과 맞물리겠지만, 거기까지 이르는 과정은 험난하고 굴곡이 심하다. 오죽하면 경제학자들이 시장을 '술 취한 사람'에 비유했을까. 술 취한 사람은 결국 집에 들어가긴 하지만 그때까지 비틀거리며 아슬아슬한 걸음을 걷는다. 그러다 다치기도 하고 큰 사고를 만나 병원 신세를 지기도 한다. 시장은 우연이 지배하는 곳이자 인간 행동의 결정체로 보는 것이 옳다. 경제위기 등 예상치 못한 우연한 사건이 언제든 튀어나올 수 있다. 아무리 뛰어난 투자자라 해도 우연의 사건 앞에선 속수무책일 수밖에 없다. 만약 우연의 사건이 투자자들의 집단적 광기와 만나면 그건 파국을 의미한다. 1987년 뉴욕 증시가 20% 폭락한 '검은 월요일'이나 1929년 대공황을 알린 역사상 최악의 폭락 사태가 대표적이다. 이런 예측 불가성이 바로 시장에 내재된 리스크다.

1980년대 이전만 해도 시장은 일정한 흐름에 따라 변한다는 믿음이 강했다. 극심한 변동성은 예외적인 현상이고 바로 누그러질 것이라는 생각이었다. 그러나 언제부턴가 그 변동성이 일정한 패턴을 따르지 않아 예상이 불가능하다는 주장이 제기되기 시작했다. 시장은 예상하는 것보다 훨씬 위험하고, 따라서 가격 변동을 예측하는 일은 무의미하다는 것이다. 실제 전통 이론대로라면 확률적으로 수천만, 수백만 분의 1에 불과한 사건이 툭하면 터지기도 했다. 2000년대 초 IT 버블, 2007년 미국의 서브프라임 모기지 사태, 2011년 유로존 재정위기 등 전통 이론으로는 설명할 수 없는 굵직한 사건들이 10년 동안 세 번이나 일어났다. 100년에 한 번 일어

날까 말까 하는 사건이 2000년대 들어 집중되고 있는 양상이다. 이런 사건이 단 한 번이라도 터지는 날엔 투자자들이 오랜 세월에 걸쳐 공들여 쌓은 성과가 순식간에 와르르 무너진다.

격렬한 가격 변동은 일정한 간격을 두고 발생하는 게 아니라 대체로 특정 시기에 집중된다. 그러면 극적인 결과를 맞이할 가능성이 커진다. 투자에서 사는 것보다 파는 게 중요하다는 말이 나오는 건 그래서다. 이는 장기 투자를 해서 아무리 큰 수익을 내도 매도 시기를 놓치면 도로아미타불이 된다는 말이다. 한번 지나간 매도 시기는 언제 다시 올지 기약이 없다. 실제 세계적 펀드회사 피델리티가 전 세계 투자자들을 상대로 조사했더니 15년 동안 투자한 사람은 매년 6%의 수익을 올렸지만, 최적의 매도 시기를 놓친 경우 수익률이 겨우 2%에 그쳤다.

지금 세상에 존재하는 금융 제도와 기법을 모두 활용해도 시장에서 부닥치는 리스크를 완전히 제거할 수 없다. 그나마 쓸모 있는 무기로 평가되는 것이 바로 '분산 투자'다. 뭉쳐놓으면 쉽게 리스크의 먹잇감이 된다. 시장에선 '뭉치면 살고 흩어지면 죽는다'가 아니라 그 반대다. 흩어져 있으면 맹렬한 리스크의 공세를 무디게 할 수 있다. 투자를 시작할 때 차례대로 사고, 주식도 한 종목이 아닌 여러 종목에 골고루 투자하는 게 좋다. 주식뿐 아니라 채권, 부동산 등 여러 자산에 돈을 나눠 넣는 것도 잊지 말아야 한다. 그러나 2008년 글로벌 금융위기는 분산 투자조차 무색하게 했다. 전 세계 시장이 동시에 뜨거나 무너지기 때문에 분산 투자로 감당하기 힘들었던 것이다. 하지만 분산 투자는 방법이 문제일 뿐 그 정신만큼은 여전히 유효하다.

'타이밍'이 아니라 '타임'에 투자할 것

리스크의 천적인 시간을 이용하는 것도 방법이다. 리스크는 시간 앞에서만큼은 맥을 못 춘다. 구체적으로 말하면, 적립식 투자를 하는 것이다. 적립식 투자의 원리엔 시장이 언제 좋고 나쁠지 사람이 알 수 없다는 전제가 깔려 있다. 그래서 일정액을 정기적으로 투자하되 주가가 쌀 때는 많이, 비쌀 때는 적게 삼으로써 이론적으로 시장 위험을 분산시킬 수 있다. 평균 매입 단가를 낮추는 이른바 '코스트 에버리징(cost averaging)'이라는 정액 분할 매입 기법이다.

매입 단가를 낮추려면 당연히 쌀 때 많이 사야 한다. 상식적으로 시장이 침체 상태일 때 주식을 싸게 살 수 있다. 하지만 현실에선 상식의 역설이 판을 친다. 주가가 좋을 때 적립식 투자를 시작했다가 시황이 나빠지면 납입을 중단하거나 계약을 해지하는 경우가 많다. 그래서는 코스트 에버리징 효과를 제대로 누릴 수 없다.

적립식 투자를 제대로 하려면 시장을 예측하고자 하는 '타이밍(매매 시점)'이 아니라 '타임(시간)'에 투자하는 자세가 필요하다. 시간 투자, 즉 장기 보유가 꼭 수익을 보장한다기보다는 보유한 펀드를 좋은 가격에 팔 기회를 여러 차례 제공하기 때문이다. 또 중간에 손실이 나더라도 납입을 중단해서는 안 된다. 손실은 곧 시장의 침체를 의미하므로 오히려 공격적으로 매입해가야 한다. 손실을 보더라도 두 눈 질끈 감고 뚝심 있게 나아가야 적립식 펀드로 승부를 낼 수 있다.

투자에서 성공하려면 어느 정도 리스크를 안아야 한다. 리스크가 수익의 원천이기 때문이다. 경제 활동에 공짜가 없듯이 리스크를 피하려는 사람은 원하는 보상을 얻기 힘들다. 금융 시장이 글로벌화한 상황에서 분산 투자의 약발이 떨어지자 투자자들은 대안을 찾아 나서기 시작했다. 시장의 움직임과 상관없는 '절대 수익'을 올리는 것이 그중 하나인데, 대표적인 것이 '롱숏 전략'이다. 롱숏 전략이란 매수를 의미하는 롱 전략과 매도를 의미하는 숏 전략을 동시에 구사하는 것을 말한다. 즉, 상승을 예상하고 투자하는 매수와 하락을 대비하는 매도를 동시에 구사해 안정적인 수익을 얻는 차익거래 수단으로서, 일반적으로 주가의 움직임이 비슷한 두 종목을 이용한다. 이는 시장 변화에 상관없이 안정적인 수익을 추구하므로 기대수익은 낮은 편인데 잘만 하면 리스크를 만나지 않고 우회할 수 있는 효과적인 방법이다.

펀드의 과거를
묻지 마세요

펀드 투자자들이 매수 여부를 결정할 때 잣대로 삼는 기준이 있다. 과거 수익률이다. 특히 수익률 순위에서 연속성을 보이는 펀드에 꽂힌다. 국내 펀드 시장에 나와 있는 4,000개 가까운 펀드 중에서 돈 되는 것을 고르는 나름대로 편리한 방법이다. 과거 수익률이 신뢰할 만한 지표라면 분석이나 전망 같은 골치 아픈 작업에서 해방될 수 있다. 그런데 정말 펀드 수익률은 믿을 만한 잣대일까?

언론 매체마다 한 달에 한 번꼴로 펀드 수익률 순위라는 걸 발표한다. 연말이면 그해 가장 뛰어난 펀드매니저를 선정해 상까지 준다. 투자자 입장에선 펀드 선정에 특별한 고민을 할 필요가 없다. 펀드 수익률 순위표 맨 위에 있는 펀드나 '올해의 베스트 펀드매니저'가 운용하는 펀드를 고르면 된다. 펀드를 고르는 비용과 시간을 아낄 수 있으니 마다할 이유가 없다. 어차피 펀드를 속속들이 알 수 없기 때문에 과거 기록에 꽂히는 건 인지상정이다. 펀드를 판매하는 회사 역시 다른 건 몰라도 수익률만큼은 고객이 쉽게 믿고 따라주기 때문에 영업하기가 편하다. 고객에게 추천했다가 잘못되더라도 빠져나갈 구멍은 많다. "그동안 성과가 좋았는데 이렇게 될 줄 몰랐다", "실력이 있는 펀드매니저니 수익률을 회복하는 건 시간문제다"처럼 응대하면 된다. 하지만 과연 '지난달 수익률 1위', '올해의 베스트 펀드매니저'가 펀드의 미래에 대한 보증수표가 될 수 있을까?

펀드가 어떤 성과를 낼지는 아무도 모른다. 이런 상황에서 펀드의 과거가 앞날을 비추는 희미한 등불이 될 수 있다. 수익률이 밟아온 길이 펀드를 운용하는 사람, 즉 펀드매니저의 실력이라고 믿기 때문이다. 실력이 있으니 큰 실수를 하지 않는 한 수익을 올려주리라고 낙관한다. 수익률이 기대에 못 미쳐도 희망을 버리지 않는다. 그러나 수익률 기록을 보고 투자 결정을 하는 것은 '자동차 앞 유리를 가리고 백미러를 보면서 운전하는 것'과 다르지 않다.

3년차 투자자들이 쉽게 빠지는 오류

수익률을 잣대로 삼아 펀드에 투자했다가 낭패를 당한 사례는 셀 수 없이 많다. 미국의 전설적 투자자 피터 린치의 이야기다. 그가 운용한 마젤란펀드는 1977년부터 1990년까지 누적 수익률 2,700%라는 경이적인 실적을 올렸다. 1977년 이 펀드에 100만 원을 투자해 1900년까지 보유했다면 원금이 무려 2,700만 원이 됐다는 이야기다. 그러나 피터 린치가 직접 펀드 가입자들의 수익률을 조사했는데, 결과가 의외였다. 전체 가입자의 절반 이상이 손실을 본 채 팔아치운 것으로 나타났기 때문이다. 솔직히 말해 투자자가 13년 동안 한눈팔지 않고 줄기차게 한 펀드를 보유한다는 것은 비현실적이다. 단기간에 수익을 올리면 팔아치우고 다른 펀드로 옮겨 가는 게 일반적 투자 행태다. 여기서 의문이 생기는 것은 그토록 실적이 짱짱한 펀드에 가입한 투자자들이 어째서 손실을 봤는가 하는 점이다. 수익률이 고공 행진하는 시점에 가입했거나 수시로 펀드를 사고판 경우가 이에 해당하지 않나 생각한다.

우리나라에선 1999년 바이코리아펀드, 2006년 베트남펀드, 2007년 인사이트펀드 등 한때 잘나가던 펀드가 쪽박을 차 투자자들을 울린 흑역사가 있다. 가까운 예로는 펀드 시장에 가치펀드 돌풍을 일으켰던 메리츠자산운용의 메리츠코리아다. 이 펀드는 2014년 한 해 14.84%의 수익률을 올려 2015년 1조 3,000억 원의 뭉칫돈을 유치했다. 하지만 돈이 가장 많이 들어온 2015년 8월을 기점으로 수익률이 꺾여 2016년엔 -22.65%로 국내 주식형 펀드 중 꼴찌를 기록했다. 2017년 들어선 전반적인 상승 분위기 덕에 그간의 부진을 상당 부분 만회했다.

투자란 쌀 때 사서 비쌀 때 파는 것이다. 하지만 현실에선 이 평범한 진리가 잘 지켜지지 않는다. 오히려 거꾸로인 경우가 많다. 과거 수익률을 금과옥조로 여기는 잘못된 투자 행태가 원인이다. 그럼에도 투자자들이 수익률에 집착하는 것은 이전의 결과가 다음 일에 영향을 미칠 것으로 착각하는 심리적 오류에 빠지기 때문이다.

혹시 '뜨거운 손(hot hand)'이란 말을 들어봤는가? 어느 스포츠에서나 특정 경기, 특정 시기에 평소 기량보다 뛰어난 실력을 보여주는 선수가 있게 마련이다. 이런 선수를 '뜨거운 손'이라고 부른다. 농구의 뜨거운 손은 골 밑에서든 외곽에서든 쏘는 슛을 모조리 골로 연결한다. 이 선수에게 동료들의 패스가 집중되는 건 당연하다. 축구 경기에서도 전반전에 골을 넣은 선수에게 패스가 몰린다. 두 경우 모두 뜨거운 손은 자신에게 집중된 패스를 처리하다 힘이 빠져 제 기량을 발휘하지 못하게 된다. 뜨거운 손 현상이 빚은 오류다. 뜨거운 손의 오류가 생기는 것은 기억 편향 때문이라고 한다. 연속으로 두세 개의 슛을 성공하는 것은 일반적인 경우보다 훨씬 강한 인상을 준다. 인상에 남는 기록은 상대적으로 기억하기 쉽고, 그런 기록이 재현될 확률을 과대평가하게 된다는 것이다.

통계학에 '평균 회귀'란 말이 있다. 많은 자료를 토대로 결과를 예측할 때 평균에 가까워지려는 경향을 말하는데, 큰 값이 나왔다면 언젠가는 작은 값이 나와 전체적으로 평균 수준을 유지한다는 것이다. 결국 모든 것은 원점으로 돌아간다는 섭리를 보여준다. 아무리 날고 기는 뜨거운 손이라도 평균 회귀에 따라 언젠가는 평소 실력으로 되돌아간다.

투자자들도 뜨거운 손의 오류에 자주 빠진다. 3년 연속 시장보다 나은 수익률을 올린 펀드매니저가 있다고 하자. 우연의 관점에서 보면 전혀 불가능한 성과가 아닌데, 보통 투자자들은 이 펀드매니저를 주시한다. 결국은 3년 동안 연속해서 성과를 보여줬으니 앞으로도 그러리라 믿고 돈을 맡긴다. 그의 성과가 탁월했던 이유는 실력이 좋아서가 아니라 운이 좋아서였는데도 말이다. 3년이 아니라 5년 동안 시장을 이겼어도 내년엔 어떻게 될지 아무도 모른다. 운칠기삼(運七技三)이라는 말은 여기서도 통한다. 시장에서 성공을 거뒀다면 '운 70%, 기술 30%'인 경우가 대부분이다.

공룡펀드의 저주

펀드의 수익률이 높다는 건 그 자체로 위험 신호이기도 하다. 많은 사람이 수익률을 보고 가입하면 펀드의 규모가 점점 불어나고, 이때부터 펀드 운용에 많은 제약이 따르는 '공룡펀드의 저주'가 시작된다. 즉, 운용 금액이 너무 커져 투자 대상을 찾는 데 어려움이 생기면 작은 몸집으로 높은 수익을 올리던 때와 같은 활약상은 보여주기 힘들어진다.

그동안 장래가 촉망되던 수많은 국내 주식형 펀드가 설정액 7,000억~1조 원에서 쓴맛을 봤다. 숏이 이상하게 잘 들어가 동료들의 패스가 몰리는 바람에 제 풀에 꺾인 뜨거운 손처럼 말이다. 이를 고려하면 수익률 순위표 상위에 올라 있다고 해서 그것만으로 좋은 펀드라고 단정해서는 안 된다. 오히려 그 반대일 수 있다. 다음번 순위표 작성 땐 그 자리를 지키지 못할 확률이 높다. 평균 회귀에 따라 다시 평균 실적으로 돌아갈 일만 남았을 수 있다.

그럼 어떻게 하면 뜨거운 손의 오류를 피할 수 있을까? 사람들은 어떤 현상이 반복적으로 일어나면 그것에 영향을 미치는 필연적인 뭔가가 있다고 믿게 된다. 필연을 구성하는 요소 중 하나가 연속성이다. 그렇지만 우연에도 연속성이 있다. 대표적인 것이 우연이 판을 치는 주식 시장에서 수익률 경쟁을 벌이는 펀드다. 수익률 순위가 연속적으로 이어졌다고 이에 의미를 부여한다면 우연의 장난에 속아 넘어갈 가능성이 크다. 펀드 수익률은 의심하는 마음으로 접근해야 한다. 왜 연속적인지, 미래에도 그럴 것인지 따져봐야 한다.

예전에 업계 선두권을 달리던 한 증권사가 '보이는 것만 믿으라'는 광고를 해 화제가 된 적이 있다. 공개되는 수익률이 실력을 가장 확실하게 보여주는 징표이니 자기네 회사에 투자하라는 것이었다. 그렇지만 펀드 투자에서 보이는 것만 믿다간 후회할 수 있다. 펀드 수익률이 투자자 자신의 성과와 곧장 연결되는 것은 아니기 때문이다. 이 증권사는 돈을 끌어모으는 데는 성공했지만 펀드의 성과가 갈수록 나빠져 수많은 투자자를 울렸다.

저금리·저성장 시대에 펀드는 재산 증식의 효과적인 수단인 건 분명하지만 그것의 과거를 물어선 안 된다. 시장엔 영원한 승자가 없는 법, 아무리 훌륭한 펀드라도 부침을 겪게 돼 있다. 펀드의 과거 성과보다는 펀드 운용이 투자자 자신의 성향과 맞는지, 펀드매니저가 얼마나 자주 교체되는지, 저점은 어딘지 살피는 것이 더 중요하다. 뭐니 뭐니 해도 우연의 먹잇감에서 벗어나게 하는 기법은 분산 투자다. 투자 대상을 이리저리, 예컨대 주식형·채권형·리츠·파생 상품 등으로 흩트려놓으면 우연의 거친 공격으로부터 손상을 덜 입을 수 있다.

[노후 준비 필살기] 펀드 실질수익 올리는 법

펀드도 주가처럼 날마다 기준가가 변한다. 그래서 수익과 손실이 유동적이다. 오늘 수익을 냈다고 좋아할 수 없는 것이 내일은 악재가 터져 손실로 돌아설 수 있기 때문이다. 보유 중인 투자 상품의 손익을 매일 따지는 것이 무의미한 이유다. 그러나 투자에서 딱 고정돼 움직이지 않는 것이 있다. 비용이다. 비용은 눈에 잘 띄지 않고 드러나지도 않는다. 더구나 투자 금액에 비하면 푼돈 수준이다. 사람들이 수익과 손실에만 꽂혀 있지 비용을 간과하는 것이 이 때문이다. 그러나 가랑비에 옷 젖듯이 비용을 얕잡아봤다간 큰코다칠 수 있다. 특히 1%포인트의 수익도 올리기 힘든 저성장·저금리 시대에 비용은 수익이냐 손실이냐를 좌우하는 변수가 된다.

수익률이 5%만 넘어도 성공이라는 초저금리 시대다. 초저금리가 고착화될수록 1%포인트의 수익률을 추가로 올리기 위해서는 많은 리스크를 짊어져야 한다. 이런 때는 돈을 벌려고 덤볐다간 있는 재산도 지키기 어려워질 수 있다. 따라서 비용 절약의 가치가 높아지게 마련이다. 같은 값이면 비용이 적게 먹히는 펀드가 일단 수익률 게임에서 유리하다.

펀드는 수수료와 보수를 매기는 방식에 따라 클래스가 달라진다. 펀드 이름 맨 뒤에 붙는 알파벳(A~F, I, S, W)이 해당 상품의 클래스다. 보통 은행이나 증권사 창구에서 파는 A, C클래스는 온라인상에서 거래되는 E, S클래스보다 비용이 많이 든다. 1,000만 원을 연 수익률 4%짜리 펀드에 투자한다고 가정할 때 보수를 0.35% 떼는 S클래스 펀드는 보수가 1%인 다른 클래스 펀드보다 3년 후 수익금이 21만 6,398원 많다. 투자 기간이 길수록 금액 차이가 커져 10년이 지나면 90만 5,378원을 더 벌 수 있다.

수수료를 선취하느냐 후취하느냐도 고려 사항이다. 선취수수료라는 것은 펀드 가입 시 원금에서 일정 금액의 판매수수료를 미리 차감한 후 나머지 금액을 펀드에 투자하는 것을 말한다. 후취수수료는 원금 전체 금액을 펀드에 투자하고, 펀드 환매 시 원금과 수익금을 합친 금액에서 수수료를 차감한다. 선취수수료와 후취수수료가 같은 비율일 때는 가입 시 한 번만 내면 끝인 선취수수료가 장기 투자에 유리하며, 후취수수료는 1년가량의 단기 투자에 유리하다.

물론 무조건 비용이 싼 펀드를 사라는 말은 아니다. 비용이 비싸지만 수익률 전망이 괜찮은 펀드가 있다면 사라. 그러나 비용을 별것 아닌 것처럼 생각하진 말아야 한다. 불필요한 매매를 자주 해 배보다 배꼽이 더 큰 상황을 만들 수 있다. 투자에서 성공하려면 비용을 고려한 실질수익으로 성과를 평가하는 자세가 중요하다.

해외 투자가 필수인
3가지 이유

수익을 올리는 데 욕심을 내 보유 자산을 특정 상품에 집중하면 위험하다. 투자의 세계에서 살아남으려면 뭉치지 말고 흩어져야 한다. 분산하는 방법은 여러 가지다. 다양한 상품을 섞을 수도 있고 지역별로 적당히 안배할 수도 있다. 그러나 가진 돈이 얼마 안 되고 전문 지식도 부족한 일반 투자자 입장에선 투자 자금을 쪼개고 말고 할 것도 없을 것이다.

이럴 때 손쉬운 해법이 있다. 해외 증권에 투자하는 것이다. 해외 투자야말로 상품별, 지역별로 보유 자산을 효율적으로 분산할 수 있는 최고의 대안이다. 꼭 분산 목적이 아니라도, 해외 투자는 요즘 증시 상황에서 필수 과목이 되어가고 있다.

한국 투자자의 못 말리는 국내 증시 사랑

선택의 폭이 제한적일 경우 경험이나 직관에 의존해 판단하는 경향을 경제학자들은 '휴리스틱스(heuristics)'라고 부른다. 좋게 해석하면 '어림셈' 정도고 나쁘게 말하면 '주먹구구식 판단'이다. 인간은 인지와 정보처리 능력에 한계가 있어 모든 정보를 탐색하지 못하고 즉각적으로 머릿속에 떠오르는 몇 가지를 중심으로 판단한다는 것이 휴리스틱스의 핵심이다.

예를 들면, 항공기 사고로 죽을 확률보다 벼락에 맞아 죽을 확률이 다섯 배 높다고 한다. 그러나 사람들은 보통 항공기 사고로 죽을 확률이 더 높다고 생각한다. 언론에서 항공기 사고는 종종 접해도 벼락에 맞아 죽었다는 기사는 거의 보지 못하기 때문이다. 휴리스틱스는 선택에 이르는 과정을 단순화해 시간과 노력을 덜어주기에 완전히 터무니없는 것은 아니지만, 치우침과 쏠림을 과도하게 하는 부작용도 있다.

투자의 세계에도 휴리스틱스가 강하게 작용한다. 대표적인 예가 국내 편향성(home bias)이다. 다른 나라 주식은 잘 모르니 비교적 정보를 자주 얻을 수 있는 국내 주식에 더 많은 관심을 기울이게 된다. 금융투자협회에 따르면 2016년 말 기준 한국의 해외 증권 투자액은 국내총생산(GDP) 대비 21%다. 미국 53%, 일본 79%, 독일 86%와 큰 차이가 나고 프랑스 102%, 영국 136%와는 비교가 되지 않는다. 게다가 국내의 해외 증권 투자 잔액 가운데 민간이 보유한 비중은 9.4%에 불과하다.

우리나라 투자자들에게는 해외 투자에 대해 트라우마가 있다. 해외 투자에 섣불리 나섰다가 외상을 크게 입은 탓이다. 그러나 그건 해외 투자 자체가 잘못이 아니라 그릇된 투자 관행에서 비롯된 당연한 귀결이었다. 대표적인 예가 해외 투자 열풍이 불던 2007년, 글로벌 금융위기 직전이다. 당시 투자자들은 해외 투자가 마치 황금알을 낳는 거위인 양 투자 목적 같은 기초적인 고려 사항은 팽개치고 '묻지 마 투자'에 나섰다. 특히 고수익 기대가 컸던 신흥국에 집중적으로 투자했다. 국가별 해외 투자 비중이 중국 54%, 브릭스(BRICs: 브라질, 러시아, 인도, 중국)와 남미 21%에 달할 정도로 쏠림 현상이 심했다.

일부 금융회사는 해외 투자 열기에 편승해 함량 미달의 펀드를 추천하면서 사후관리에도 소홀했다. 2006년 고작 2,600억 원 규모이던 해외 주식형 펀드는 2008년 32조 원으로 2년 만에 100배 이상 급팽창했다. 그러나 곧 닥친 2008년 금융위기의 파도에 휩쓸려 무모한 투자는 된서리를 맞았다. 많은 해외 주식형 펀드가 반 토막 났고 투자자들은 시장을 떠났다. 현재 해외 주식형 펀드 설정액은 2008년 최고치의 절반 수준에 머물고 있다.

이런 상황이니 해외 투자라는 말만 꺼내도 "웬 뜬금없는 소리냐"라고 할 만하다. 그러나 지금은 그때와 비교하면 경제와 시장 환경이 너무나 달라졌다. 2007년 즈음 해외 투자는 선택이었지만, 지금은 해외 투자를 하지 않고는 배겨날 수 없게 됐다. 펀드 투자로 수익을 올릴 기회가 국내보다는 해외에 훨씬 많다는 게 가장 큰 이유다. 현재 세계 경제는 미국이 주도하고 있다. 2008년 미국발 금융위기는 역설적으로 미국의 달러화 패권을 한층 강화했다. 당분간 미국은 세계 경제의 맏형 노릇을 할 것이라는 데엔 별다른 이견이 없다. 또 오랫동안 지지부진한 흐름을 보이던 유럽도 되살아나고 있다. 아시아 신흥국들은 2017년 펀드 수익률이 가장 가파른 성장세를 기록했다. 우리나라도 박스권에서 등락을 거듭하는 답답한 모습에서 벗어나 상승 열기를 뿜고 있다. 펀드 투자자들로서는 거의 10년 만에 맞이하는 '물 좋은 장'이다.

그러나 국내 투자자는 세계 증시 활황의 과실을 제대로 누리지 못했다. 증권 업계에 따르면 최근 1년간 해외 주식형 펀드 설정액은 752억 원(순유입) 늘었을 뿐이다. 그나마도 최근의 일이다. 해외 주식형 펀드에서 순수하게 빠져나간 자금이 최근 2년간 7,254억 원, 5년간 7조 8,222억 원에 이른다. 여기에는 글로벌 금융위기 직후 변변치 않았던 펀드 수익, 다양하지 못한 국내 자산운용사의 해외 펀드 상품, 국내 주식형 펀드 위주의 판촉 등 여러 가지 이유가 작용했다.

우물 안 개구리를 우물 밖으로

정부는 우물 안 개구리 수준에 머물고 있는 국내 투자자들의 관심을 해외로 돌리려고 신상품 출시를 허용하고 규제도 풀고 있다. 대표적인 것이 2016년 초 선보인 비과세 해외 펀드다. 이 상품은 일반 개인의 해외 투자에서 가장 큰 걸림돌인 해외 투자 매매차익에 대한 과세 문제를 해결했다는 점에서 파격적이다. 그러나 2017년 말까지만 가입이 허용됐던 한시 상품이어서 해외 투자 저변을 확대하기엔 한계가 있다는 지적이다. 대신 연금 상품인 연금저축계좌로 해외 펀드를 매매하면 세제 혜택을 주고 있다. 일반 해외 펀드는 매매차익에 대해 15.6%의 이자소득세를 내야 한다.

전 세계적인 증시 활황에다 정부도 해외 투자를 활성화하기 위해 노력하고 있으니 국내에 편중된 투자자산을 세계 시장으로 분산할 좋은 기회다. 투자에서 분산이 중요한 이유는 다양한 자산이 가진 '경합성'을 이용해 위험을 낮출 수 있어서다. 상관관계가 낮거나 음의 상관관계를 가진 자산들로 포트폴리오를 짜야 분산 효과를 제대로 누릴 수 있다. 같은 신흥 시장인 한국과 중국을 예로 들어보자. 두 나라는 상관관계가 높다고 할 수 있다. 한국 투자자가 중국 위주의 해외 투자에 나선다는 것은 맨손으로 주가 변동성이 치열한 전쟁터에 뛰어든다는 의미다. 이런 점을 피하려면, 글로벌 관점에서 신흥국과 선진국 자산을 적절하게 섞는 것이 현명하다. 그것이 해외 펀드 투자에서 안정성과 수익성을 동시에 추구하는 길이다.

환율 리스크 피하는 법

해외 투자는 국내 투자엔 없는 리스크 요인이 있다. 환율 변동이다. 환율이 어떻게 변하느냐에 따라 수익의 크기가 달라진다. 먹기 좋다고 덥석 물었다간 환율이라는 복병에 된통 당할 수 있다. 그래서 만기 시점에 환율을 고정하는 '헤지'를 걸어 위험에 대비하기도 하지만, 이 역시 완벽한 해결책은 아니다. 때로는 헤지를 걸지 않고 환율 흐름에 몸을 맡기는 '환노출(exchange exposure)'이 답이 될 때도 있다.

환율이 널뛰기를 하면 가장 불안해하는 건 아무래도 해외 투자에 나선 사람들이지 싶다. 힘들게 벌어놓은 투자 수익이 하루아침에 사라질 수 있어서다. 그렇다면 미래 시점의 환율을 현재 값으로 고정할 순 없을까? 이론적으로 이야기하면 미래 가격의 불확실성이 사라져 리스크가 없는 상태가 된다. 이러한 상태를 '환헤지'라고 부른다.

환헤지의 예를 들어보자. 해외 펀드 투자는 고객이 투자금을 원화로 납입하면 자산운용사가 이 돈을 투자 대상국의 통화로 환전해 주식이나 채권을 매입하는 것으로 시작한다. 원화 환율이 달러당 1,000원일 때 1,000만 원으로 해외 펀드 1만 달러를 매입했다고 치자. 1년 후 환매 시점에 펀드 기준가가 매입 당시와 동일하다면 손에 쥐는 돈은 1,000만 원일까? 그렇지 않다. 매입 때 원화를 환전한 달러화를 다시 원화로 바꿔야 하기 때문에 환율이 어떻게 달라졌는지 따져봐야 실제 수익을 확정할 수 있다. 만약 매입 당시 1,000원이던 원화 환율이 800원으로 떨어졌다면(원화 가치 상승) 환매 금액은 800만 원으로 쪼그라든다.

누구나 이런 상황을 피하고 싶어 한다. 그래서 환헤지를 하는 것이다. 가장 많이 이용하는 것이 선물환 계약이다. 거래 쌍방이 미래에 거래할 특정 외화를 사전에 정해놓은 환율로 매수 또는 매도하기로 계약을 맺는 것이다. 이 선물환을 이용하면 환매 시점의 환율을 미리 결정해놓을 수 있기 때문에 거래 시점과 환매 시점 간에 발생하는 환율 변동의 위험을 제거할 수 있다. 앞서 예로 든 해외 펀드 고객은 1년 후 해외 펀드를 환매할 때 환율 하락의 리스크를 피하기 위해 선물환을 이용할 수 있다. 선물환 매도 계약을 통해 미래에 받게 될 1만 달러를 원화 환율로 고정해두면 투자 수익금을 고스란히 확보할 수 있다.

이때 선물환 가격은 현재 환율과 다르지만 그 차이는 크지 않은 것이 일반적이다. 선물환율과 현물환율의 차이는 두 나라 간의 이자율 차이와 같아야 하기 때문이다. 이때 이자율 차이는 원화를 달러화로 환전하지 않고 그대로 가지고 있는 경우의 기회비용이다. 현물환율이 1,000원일 경우 원화 이자율이 2%이고 달러화 이자율이 1%라면 이론 선물환율은 약 1,010원[1,000 × (1+0.02) ÷ (1+0.01) = 1,009.9]이다. 선물환 가격은 결국 이자율 차이로 결정된다고 볼 수 있다. 실제 선물환율이 다를 수 있지만, 재정거래 때문에 이론 선물환율에서 크게 벗어나지 않으므로 환율 변동 위험을 피할 수 있는 것이다. 즉 해외 펀드 고객은 1년 후 환매 때 환매대금 1만 달러를 1년 전 계약한 선물환율로 매도하면 된다. 따라서 이 고객은 1년 후 환율이 얼마든 관계없이 원화로 1,010만 원(환매대금 1만 달러에 선물환율 달러당 1,010원을 곱한 값)을 손에 쥐어 이자율 차이를 보전받는 셈이 된다.

환 전략은 금리 차이가 관건

그런데 만약 달러화가 아닌, 우리보다 이자율이 높은 투자 상대국 통화일 땐 이야기가 달라진다. 예컨대 투자 상대국의 금리가 3%로 한국 금리(2%)보다 높다고 가정해보자. 현물환율이 1,000원일 경우 이론 선물환율은 약 990원[1,000 × (1+0.02) ÷ (1+0.03)=990.3]이 된다. 1,000만 원으로 1만 달러의 해외 펀드를 사면서 선물환 계약을 맺은 사람은 1년 후 환율의 등락과 관계없이 원화로 990만 원(환매대금 1만 달러에 선물환율 달러당 990원을 곱한 값)만 찾게 된다. 이 경우 이자율 차이 때문에 이론 선물환율이 현물환율보다 낮아져 헤지 효과가 반감된다. 선물환 거래가 주로 이자율이 한국보다 낮은 달러화 등 선진국 통화로 이뤄지는 게 이 때문이다. 또 환헤지는 원화 가치가 하락해 미래 환매 시점의 환율이 선물환율을 웃돌게 되면 환차익을 얻을 수 없는 배 아픈 일도 생긴다. 즉, 환헤지는 환차손의 위험에 보호막을 치는 대신 환차익은 포기하는 것이다. 환헤지가 환율 변동의 완벽한 해결사가 아닌 이유가 여기에 있다.

환율이 오르리라 전망되면 헤지하지 말고 그냥 놔두는 것도 괜찮다. 이것이 환노출이다. 환율 변동이라는 리스크에 정면으로 대응하겠다는 것으로 매우 위험천만한 발상처럼 여겨진다. 그러나 여기서도 리스크를 감내하는 데 따른 보상이 주어진다. 투자의 세계는 언제나 '하이 리스크 하이 리턴'이다. 앞의 고객이 1,000만 원으로 1만 달러의 해외 펀드를 사면서 환노출을 했다고 하자. 1년 후 환율이 매입 시점의 1,000원에서 1,200원으로 오른다면 200만 원의 환차익을 얻을 수 있다. 물론 앞서 봤듯이, 환율이 800원으로 떨어진다면 200만 원의 손실이 생긴다.

환노출로 투자 수익의 변동성을 줄이는 방법도 있다. 국제 기준으로 볼 때 한국 원화는 위험자산에 속한다. 달러화로 표시된 주식도 마찬가지로 위험자산에 속한다. 위험자산의 특징은 세상이 평온하면 가격이 올라가지만 시끄러우면 내려간다는 것이다. 따라서 위기가 닥치면, 달러화로 표시된 자산이 원화 가치와 같은 방향으로 움직일 가능성이 크다.

원화 환율은 이와는 반대로 움직여 역상관관계로 인한 분산 효과가 생긴다. 지난 2008년의 글로벌 금융위기 때에도 미국의 하이일드 채권이나 주식형 펀드 등 위험자산이 큰 폭으로 떨어졌지만, 환노출형은 달러화 강세에 따른 환차익으로 투자 손실을 줄일 수 있었다. 해외 투자로 환차익을 보면서 투자 수익도 생긴다면 그야말로 '꿩 먹고 알 먹기'다. 혹시 투자 성과가 좋지 않더라도 환차익으로 수익 변동성을 줄일 수 있으므로 포트폴리오를 안정적으로 운용하는 데 도움이 된다.

환헤지든 환노출이든 환율 예측을 잘못하면 낭패를 보는 것은 당연하다. 지난 2016년 말 미국 대선 직후 달러화 강세를 예상하고 많은 투자자가 환노출형 미국 펀드를 사들였다. 환노출형은 환헤지 비용을 절약한다는 이점도 있었다. 당시 원화 환율이 달러당 1,200원대에서 움직였다. 그러나 달러화는 예상과 달리 줄곧 약세를 보여 지금까지 20% 가까이 떨어졌다. 환노출형 투자자들은 미국 증시의 호황으로 시세차익을 거두었는지 모르지만 환손실로 인해 별 재미를 보지 못했다. 이미 지나간 일을 되돌릴 수 없는 노릇이지만 환노출 대신 환헤지 전략을 폈더라면 적어도 시세차익은 고스란히 지킬 수 있었을 것이다.

4장

별 탈 없는
집과 가족,
돈 걱정 없는
노후의 종점이다

은퇴 초기 5년은 은퇴 후 생활 전체의 성패를 좌우할 시기로, 치명적 변수가 집중적으로 나타난다. 이 시기에 그나마 모았던 은퇴 자금을 거의 소진해버리는 사례가 허다하다. 그래서 은퇴 후 '마의 5년'을 어떻게 돌파하느냐가 인생 후반부의 삶을 좌우한다.

그대로 사느냐 떠나느냐,
그것이 문제로다

은퇴하고 나면 집에 머무는 시간이 길어진다. 재취업을 하지 않는 한 하루 대부분을 집에서 보낸다고 보면 된다. 보통 은퇴하고 30~40년 살다가 죽는다고 한다. 현역 때 직장에서 보낸 세월과 맞먹는다. 은퇴 후엔 활동 무대가 직장에서 집으로 바뀌는 만큼 주거 문제는 특히 신경을 써야 한다.

은퇴 준비에서 첫 번째 고려 사항은 집 담보대출금을 어떻게 하는가다. 전문가들은 노후에 빚을 안고 가는 것은 가장 큰 실수라고 말한다. 이유는 여러 가지다. 집을 살 때 대개 은행 대출을 끼고 산다. 우리나라가 요즘 가계부채 문제로 골머리를 앓는 것은 집 소유에 대한 집착이 유별난 것이 원인이라고 할 수 있다. 그러다 보니 부채 상환이 가계 지출에서 높은 비중을 차지한다. 현역 때야 꾸준한 소득흐름이 있기 때문에 별문제가 되지 않는다. 하지만 수입이 줄어드는 노후엔 큰 짐이 된다. 은퇴 가정의 처분가능소득 가운데 3분의 1이 이자와 원리금을 갚는 데 쓰인다는 통계 자료도 있다.

지금까지는 은행 대출금리가 워낙 낮아 그럭저럭 버틸 수 있었다 하더라도 앞으로가 문제다. 한국은행이 금리 인상 카드를 만지작거리고 있어 머지않아 초저금리 시대가 종언을 고할 가능성이 크기 때문이다. 대출금리 상승은 빚이 많은 노후 생활자의 가계에 직격탄을 날릴 수 있다. 만약 집값마저 하락세로 기운다면 상황은 더 심각해진다. 채무를 갚지 못하는 노인들의 파산이 사회 문제가 될 수 있다. 대신 은퇴 전에 빚을 끄면 그간의 부채 상환액을 절약하게 돼 노후 자산을 운용하는 데 숨통이 확 트이게 된다.

주거지 선정은 부부 합의가 전제

주택담보대출 이슈가 정리됐다면 은퇴 후 주거 문제를 본격적으로 다뤄보자. 내 집에 계속 살지 이사를 할지부터 시작해 이사한다면 어디로 갈 것이며, 집 크기는 어느 정도로 할 것인지 등 고민해야 할 것이 한두 가지가 아니다. 그동안 도시에서 복닥거리며 살아왔으니, 은퇴 후엔 귀농·귀촌으로 전원생활을 즐기자는 생각을 할 수도 있다. 대개 50대까지는 은퇴 후 생활비 등 재정적인 준비에 치중해오다 그 이후부터는 거주지로 관심사가 옮겨진다. 그러나 사람마다 취향이 다르고 경제적인 사정을 고려해야 하기 때문에 정답이 있는 것은 아니다. 다른 건 몰라도 노후 거주 문제는 부부가 의견 일치를 봐야 쉽게 풀린다. 실제로 노후에 살 곳을 놓고 고민만

하다가 아무런 결정도 내리지 못하고 은퇴를 맞이해, 만족스럽지 못한 주거 조건에서 살아가는 부부가 많다.

노후 주거 문제와 관련해 가장 먼저 결정해야 할 것은 지금 사는 집에서 계속 살 것인가 하는 문제다. 노후에도 내 집에서 사는 것은 여러 장점이 있다. 대부분 사람의 경우 은퇴 직전의 주거 환경이 전 생애를 통틀어 가장 뛰어나다. 자녀 교육이나 직장 출퇴근에 편리한 도심인 경우가 많기 때문이다. 은퇴 후에도 이 집에서 계속 산다면, 자녀와 가깝게 지내거나 커뮤니티를 통한 인간관계를 지속해나가는 데 매우 유리하다. 삶의 계속성은 심리적 안정감을 가져다준다. 또 집값이 잘 떨어지지 않아 자산관리 측면에서도 좋다.

물론 은퇴 후에도 주거에 변화를 주지 않으려면 경제적 형편이 뒷받침돼야 한다. 소득흐름이 왕창 줄었는데도 주거 비용이 비싼 집을 고집할 순 없다. 이럴 때는 집 크기를 줄이는 게 대안이다. 교육과 결혼 등 자녀 뒷바라지를 끝내 부부만 남았으니 집을 줄이는 건 당연하다. 하지만 살던 동네에서 멀리 떨어진 곳으로 이사하는 건 다시 생각해봐야 한다. 직장도 잃고 돈도 잃었는데 정든 주거 환경마저 포기해야 한다면, 그 자체로 엄청난 스트레스다. 이럴 때 주택연금이 해결사다. 주택연금은 현재 살고 있는 집을 담보로 다달이 연금을 받기 때문에 주거 안정성과 자산의 유동화를 동시에 해결해준다.

전원의 삶을 꿈꾸는 사람도 많다. 통계청 조사에 따르면 2005년 1,000여 가구에 불과했던 귀농·귀촌 가구는 2015년 약 33만 가구로 330배나 급증했고, 2034년이 되면 300만 명을 넘어설 것으로 전망

된다. 대도시에 사는 580만 베이비부머 세대 가운데 14%가 10년 내에 농촌으로 이주하고 싶어 한다는 조사 결과도 나와 있다. 전원생활을 통한 다양한 삶의 추구, 교통 발달로 인한 접근성 증대 등으로 시골로 향하는 인구가 늘어나는 추세다.

그러나 한 가지 생각해봐야 할 점이 있다. 과거에는 귀농·귀촌이라 하면 산 좋고 물 맑은 곳에서 여생을 보내는 것이라고 받아들였다. 하지만 요즘은 귀농을 생계와 연결 짓는 경우가 훨씬 많다. 시골로 이주한 도시민 대부분이 직접 농사를 짓거나 어업에 종사하는 등 경제적 동기가 작용하고 있다. 그러나 농사가 어디 말처럼 쉬운 일인가. 평생 풀 한번 베어보지 않다가 갑자기 뙤약볕 아래서 농사를 짓는다는 건 중노동이나 다름없다. 관리인이 따로 없으니 주택의 이런저런 보수와 수리도 직접 해야 하는데, 이 역시 쉽지 않은 일이다. 그리고 가장 결정적으로 문제가 되는 것이 본인이나 배우자가 갑자기 심하게 아플 때다. 대형병원 응급실을 가야 할 일이 막막해 자칫 골든타임을 놓칠 수도 있다.

그래서 전원생활을 꿈꾼다면 반드시 거쳐야 할 과정이 있다. 첫 번째가 배우자의 동의다. 그리고 짧게라도 전원생활을 미리 체험해봐야 한다. 오래도록 편안한 도시에서 생활해온 사람이 모든 것을 직접 해야 하는 고단함을 이겨낼 수 있는지 테스트를 해보아야한다. 이 과정을 무사히 견뎌냈다면, 시골의 다양한 혜택을 누릴 자격이 있다. 그래도 도시에 있는 기존 주택을 처분해서는 안 된다. 추후에 도시로 돌아와야 할 일들이 꼭 있다. 가장 큰 이유가 건강이다. 건강이 나빠질 경우에는 의료시설이 충분히 준비된 도시에서 살아야 한다. 지인 중에 전원에서 살러 간다며 서울 집을 처분했다가 크게 후회하는 사람이 있다. 시골에 내려가 있는 동안 서울의 아파트값이 급등해 이젠 돌아오려 해도 구입 자금을 마련할 길이 없어서다. 그는 사람의 일이란 모르는 것이니 귀농할 때 서울의 집은 팔지 말고 임대하는 형태로 소유해야 한다고 힘주어 말했다.

최근엔 도시와 시골을 오가는 '셔틀 거주족'이 급속도로 늘고 있다. 일주일 중 전반부는 도시에서 살고, 후반부는 시골에서 생활하는 식이다. 도시에 자기 집을 두고 지방에 1년짜리 전세를 구해 살다가 전세 기간이 끝나면 다른 지역으로 옮겨가며 전국을 돌아다니겠다는 사람도 많다. 어떤 방식이든 귀농에서 파생되는 위험을 관리하는 차원으로 보인다.

선진국 은퇴자들이 '살던 집'으로 귀환하는 이유

미국·유럽 등 선진국의 경우는 어떨까? 이들 나라에선 2000년대 들어 은퇴 후 주거지 선택과 관련해 자기 집 선호 현상이 뚜렷하다. 미국은 1990년대까지만 해도 도시에서 멀리 떨어진 전원주택과 대규모 실버타운이 인기를 끌었지만, 고령화가 본격적으로 진행되면서 도심이나 도시 근교의 자신이 살던 집으로 귀환하는 은퇴자가 늘고 있는 것으로 조사됐다. 가장 큰 이유는 이웃, 친구와의 사교 활동을 유지하기 위해서라고 한다. 은퇴자들의 심리 속에 자리하고 있는 가장 큰 관심사는 믿을 수 있는 이웃, 친구들과의 허

물없는 교제다. 자녀가 성인이 되면 부모와 함께 살지 않고, 자녀가 부모를 부양한다는 개념에서도 자유로운 나라이니 이웃, 친구와의 사회적 관계가 은퇴 후 노후 생활에 핵심적인 요소가 된다. 미국 은퇴자협회(AARP)가 45세 이상 미국인을 대상으로 조사한 결과 약 86%가 자기 집에서 사는 것을 원한다고 답했다.

스웨덴에선 65세 이상 노인 중 94%가 자기 집에서 살고 있을 정도로 노후에도 내 집에서 사는 것이 일반화돼 있다. 특히 이미 지방으로 이주하기로 마음먹은 은퇴자 상당수가 이주 계획을 접고, 자신이 거주하고 있거나 젊은 시절에 거주했던 지역을 찾아다닌다고 한다. 일본 역시 노인 주거시설이 처음에는 도심에서 멀리 떨어진 전원 지역에 대규모 휴양시설 형태로 공급됐는데, 1985년 이후부터는 도시나 도시 근교를 중심으로 소규모 주거시설 공급이 증가하는 추세다. 일본 노인들은 사람들이 북적대는 곳에서 함께 살고 싶어 한다는 걸 보여준다. 일본은 고령사회 초기에 실버타운을 외진 곳에 지었다가 노인들이 소외감을 극복하지 못하고 방황하는 등 시행착오를 겪었다.

보통 노후 준비 하면 돈 문제만 생각하지, 어디서 누구와 함께 살 것이냐는 후순위로 밀어놓는 경향이 있다. 그러나 인생을 정리하며 30~40년이란 장구한 시간을 보낼 생활 터전을 정하는 것은 무엇보다 중요한 문제일 수 있다. 평소 마음에 드는 거주지를 '찜' 해두고 차근차근 준비하거나, 내 집에서 계속 살고 싶다면 노후 자금을 여유 있게 만들어놓는 게 바람직하다.

큰 집 깔고 있지 말고
구조조정하라

큰 집을 갖고 있는 사람은 자식들이 대학을 졸업하면 집을 줄이 겠다고 입버릇처럼 말한다. 주택 다운사이징이다. 다운사이징이란 규모의 축소, 소형화를 뜻하는 용어로 예컨대 넓은 주거 면적에서 소형으로 이동하는 걸 뜻한다. 주택 다운사이징을 계획하는 가장 큰 이유는 자녀 분가와 소득 감소로 주거 면적의 축소가 불가피하 기 때문이다. 더구나 요즘 은퇴자들은 과거 세대와 달리 여가와 사 교 활동 등으로 노후에도 많은 비용이 들 것으로 예상해 노후 자금 확충에 적극 나서고 있다. 부동산 업계에선 이런 이유로 은퇴를 앞 둔 주택 소유자들의 다운사이징이 적어도 10년간은 유행할 것으로 본다. 베이비부머 세대 고객의 87%가 작은 집을 찾고 있다는 부동 산회사의 설문조사 결과도 있다. 열 명 중 아홉 명은 지금의 살림살 이를 줄이기 위해 집 크기를 축소하려는 의사가 있다는 얘기다.

하지만 다운사이징은 말처럼 쉽지 않다. 무엇보다 살던 집을 정리한다는 자체가 스트레스다. 지금 시세가 매입가보다 떨어졌다면 손해 보기 싫어서, 올랐다면 더 오른 가격에 처분하고 싶은 심리 때문에 선뜻 매매에 나서지 못한다.

노후 자금을 마련하기 위해 다운사이징을 계획하고 있는 서울 송파구에 사는 58세 박모 씨 이야기다. 그는 12년 전쯤 은행 빚까지 동원해 5억 원을 주고 현재 거주 중인 아파트를 샀다. 아파트는 한때 12억 원까지 올랐다. 내 집 마련은 물론 재테크에도 성공했다며 쾌재를 불렀다. 하지만 기쁨도 잠시, 2008년 글로벌 금융위기를 거치면서 집값이 9억 원으로 떨어졌다. 노후 준비를 위해 집을 팔려고 내놨지만 문의조차 없었다. 다행히 2016년부터 아파트의 호가가 조금씩 오르더니 최근엔 11억 5,000만 원에 사겠다는 사람이 나타났다. 집을 팔면 6억 5,000만 원을 벌지만 최고 시세보다는 5,000만 원을 덜 받게 된다. 박 씨는 집을 팔아야 할까?

간단히 생각하면 아주 쉬운 문제다. 아파트 처분에 따른 손익만 따져보면 된다. 집을 팔면 전체 자산이 늘고 원하는 노후 준비에도 나설 수 있는가? 그렇게 생각된다면 팔면 된다. 그러나 관점을 달리하면 그렇게 간단한 문제가 아니다. 그의 머릿속에는 '12억 원'이라는 추억의 가격이 들어 있다. 11억 5,000만 원에 팔면 5,000만 원을 밑지는 것 같다. 결국 박 씨는 아파트 가격이 좀 더 오를 때까지 지켜보기로 하고 매물을 거둬들였다. 그의 머릿속에 만약 집을 구입한 가격 5억 원이 남아 있다면 6억 5,000만 원을 남기고 11억

5,000만 원에 팔아 발등의 불인 노후 준비에 돌입했을 것이다.

'팔리지 않는 집'이 되지 않으려면

사람들은 어떤 물건을 소유하게 되면 이를 본질 가치 이상으로 평가하며 애착을 갖는다. 앞서 언급한 것처럼, 이를 '소유 효과'라고 한다. 시장에서 판매자가 요구하는 가격이 항상 구매자가 원하는 가격보다 높은 것은 소유 효과 때문이다. 소유 효과는 구체적인 실물일 때 강하게 나타난다. 상품권 같은 추상적인 물건을 소유할 땐 잘 나타나지 않는다. 집을 팔아야 하는데 '어느 정도 이상은 받아야지' 하는 욕심 때문에 고민에 빠지는 일이 소유 효과의 대표적인 예다. 이 경우 매도 타이밍을 놓치고 필요한 자금을 마련하는 데 실패해 불필요한 기회비용을 치러야 할 수도 있다.

다시 박 씨 이야기다. 집이 팔리지 않는 한 돈은 집에 묶여 있다. 돈은 굴려야 자가 증식을 하면서 불어나는데, 이런 기회를 포기하는 거나 마찬가지다. 만약 박 씨가 11억 5,000만 원에 집을 팔아 규모가 작은 아파트로 옮기고, 나머지 돈을 금융 상품에 투자한다면 적지 않은 수익을 올릴 수 있을 것이다. 5억 원을 연 3%짜리 채권펀드에 넣어두기만 해도 연간 1,500만 원의 이자 수입을 기대해볼 수 있다. 노후엔 그저 현금흐름을 한 푼이라도 늘리는 것이 최고다. 하지만 대부분의 사람이 소유 효과 때문에 이런 데까지 생각을 하지 못한다. 심한 경우, 어쩌면 지금보다 더 낮은 가격에 집을 팔아야 하는 상황이 생길 수 있다.

그동안 국내 부동산 시장은 서울의 재개발·재건축 아파트를 중심으로 뜨겁게 달아올랐다. 2017년에 내놓은 정부의 '6·19 부동산 대책' 영향으로 상승 열기가 한풀 꺾인 듯하지만 일부 지역은 여전히 높은 인기를 누리고 있다. 하지만 이런 부동산 시장 분위기가 오래가기는 어려울 것이란 의견이 많다. 먼저 2018년에 초과이득환수제가 부활하면 재건축이나 재개발 대상 아파트들이 직격탄을 맞게 된다. 올해부터 80만 가구의 아파트가 공급될 예정이어서 수급 상황도 불리하게 돌아갈 전망이다. 주택담보대출 급증으로 위험 수위에 오른 가계부채는 금리가 인상될 경우 부동산 시장에 큰 파문을 몰고 올 것으로 보인다. 이런 경제적 변수 말고 인구 구조학적으로도 부동산은 애물단지가 될 수 있다. 인구가 자꾸 줄어드는 만큼 주택 수요도 감소할 것이기 때문이다.

생활비 벌어주는 주택 다운사이징

아무튼 아직 노후 준비를 못한 예비 은퇴자들은 부동산을 다운사이징하는 작업을 서둘러야 한다. 다운사이징은 집값이 한창 오를 때 하는 것이 좋다. 차익을 많이 남겨 노후 자금을 확대할 수 있어서다. 부동산 시장에 온기가 살아 있는 지금이 매도 타이밍이다. 소유 효과로 매매 결정이 힘들다면 과거의 시세 환상에서 벗어나는 게 먼저다. 아파트 매각으로 전체 자산이 늘어날 경우 눈을 질끈 감고 결단하자. 원하는 매도 가격과 실제 가격 사이에서 방황하다간 이도 저도 안 된다. 은퇴를 앞두고는 주택 다운사이징이 부동산

중심의 비정상적인 재무 상태를 정상화하는 유일한 길이다. 그렇다고 내 집 없이 전세나 월세로 살라는 이야기는 절대 아니다. 꼭 필요하지도 않은 큰 집을 깔고 앉아 있는 게 나쁜 것이지, 형편에 맞춰 집을 보유하는 것은 꼭 필요하다. 노후엔 주거 안정성이 필수다. 계약 만료 때마다 임대료 걱정, 이사 걱정을 해야 한다면 정신 건강에 해롭다.

다운사이징을 실행할 때 조심해야 할 것이 있다. 집만 줄이면 생활비를 절약할 수 있다고 생각할지 모르지만 이는 잘못이다. 대개 보면 작은 집으로 갈아타려고 선택한 집 역시 원래 계획만큼 작은 집은 아니라고 한다. 평생 모아온 살림 규모를 줄이기가 쉽지 않고, 너무 작은 집을 고르면 생활의 불편함 때문에 처음 계획했던 대로 작은 집을 고르지 못한다는 것이다. 전문가들은 작은 집을 찾는다면서 현재 소득을 염두에 두고 있기 때문에 제대로 된 다운사이징이 힘들다고 분석한다. 지금의 경제력을 보지 말고 은퇴 후 소득 기준으로 골라야 한다는 이야기다. 거주 비용을 국민연금이나 다른 연금수입으로 감당할 수 있어야 하기 때문이다. 최근 소형 주택의 인기가 급상승해 가격이 크게 올랐기에 다운사이징 효과가 반감될 수도 있다. 이때는 지금 살고 있는 지역보다 더 적은 생활비로 살아갈 수 있는 지역으로 이주하는 걸 생각해볼 만하다. 작은 집과 저비용 지역으로의 이주는 요즘 베이비부머 사이에 최대 관심사 중 하나다.

다운사이징으로 확보한 현금을 어떻게 활용할지도 고민해야 한다. 사실 저금리 기조 탓에 자금을 운용하는 데 상당한 제약이 따르고 있다. 이상하게도, 목돈이 생기면 기다렸다는 듯이 돈 쓸 데가 생겨 흐지부지 없어지기도 한다. '한탕'을 노리고 주식 등 위험자산에 손을 댔다가 후회하게 될 수도 있다. 다운사이징의 목표가 노후 자금을 확보하는 것이니만큼 현금흐름이 나오는 즉시연금이나 월 지급식 상품에 투자하는 것이 바람직하다.

부부 행복의 경제적 가치는
연봉 1억 원

　은퇴 후 생활에서 재정적 안정 못지않게 중요한 것이 부부 관계다. 하지만 늙어서 원만한 부부 관계를 유지하기란 그리 쉬운 일이 아니다. 깨지지 않고 같이 살면 다행이라는 노부부가 많다. 남녀 사이를 경제적으로 따지는 건 적절치 않지만 행복한 부부는 연봉 1억 원 이상의 가치를 창출한다고 한다. 노후에 부부가 사이좋게 지내는 방법은 무엇일까?

　2016년 4월 한 은퇴연구소가 50~60대 은퇴 부부 100쌍의 부부 관계에 대한 현실 인식을 분석한 보고서를 내놨다. 보고서에 따르면 은퇴한 남편은 함께 있을 때 가장 즐거운 대상으로 60%가 배우자를 꼽았다. 그러나 아내는 37%만 배우자를 꼽았다. 은퇴 후 자신을 가장 힘들게 하는 사람은 누구인지 묻는 항목에 남편은 자녀를 1순위로 꼽은 반면 아내는 남편이라고 대답했다. 이 보고서는 은퇴 후 남편은 아내 의존적으로, 아내는 사회 지향적으로 변한다는 것을 보여준다.

이쯤 되면 은퇴 시기의 부부는 대개 동상이몽 중이라고 할 수 있다. 은퇴 후 생활은 이렇게 몸 따로, 마음 따로인 부부가 함께하는 시간이 길어지는 것을 의미한다. 이런 상황에선 서로 의식적으로 노력하지 않으면 감정 소통이 안 돼 서먹서먹하게 지내거나 심지어 얼굴을 맞대면 짜증이 나는 사이가 돼버린다. 그러다 감정의 골이 깊어지면 막다른 길로 내몰릴 수 있다. 바로 '황혼이혼'이다.

황혼이혼은 20년 이상 결혼을 지속하다 이혼하는 경우를 말하는데, 통계청에 따르면 1990년 2,363건에 불과했지만 2014년 3만 3,140건으로 급증했다. 2012년부터는 황혼이혼이 신혼이혼(결혼 후 4년 안에 이혼)을 추월했고, 꾸준히 그 추세를 지속하고 있다. 황혼이혼이 하도 흔하다 보니 이젠 언론에서 기삿거리로도 취급하지 않는다. 황혼이혼은 수명 연장과 관련이 깊다. 은퇴하고 짧은 여생을 살았던 과거에는 몸과 마음이 빨리 늙어가니 싫어지고 좋아지고 할 여유가 없었다. 그러나 지금은 의료 기술의 발달로 은퇴하고도 20~30년을 건강하게 살 수 있게 됐다. 그 긴 세월을 싫은 사람과 매일 얼굴을 맞대고 티격태격하느니, 늦었지만 남은 시간만이라도 자신의 삶을 찾겠다며 결단을 내리는 부부가 많아진 것이다. 앞으로 65세 이상의 인구가 많아지는 고령화가 진행될수록 황혼이혼이 늘 수밖에 없는 이유다.

그러나 수십 년을 동고동락해오면서 아이들을 다 출가시키고

막상 둘만 오붓하게 즐길 수 있는 시기가 됐는데 갈라선다는 것은 안타까운 일이다. 원만한 부부 관계가 질 높은 노후 생활을 안착시키는 가장 기본적인 조건임을 고려할 때 더욱 그렇다. 이혼은 그 자체로 깊은 마음의 상처를 남길 뿐 아니라 은퇴라는 새로운 생활에 적응하는 데 막대한 지장을 초래한다. 독거 노인이 돼 말년을 비참하게 보낼 가능성도 커진다.

갱년기 이후 남자는 감정에 민감해지고 공격성이 약해지는 반면, 여자는 감정 변화가 줄면서 심리적으로 안정감을 갖게 된다. 노년의 남자는 여성스러워지지만, 반대로 여성은 가족에 대한 관심에서 벗어나 자유를 찾게 되고 배려하는 마음도 감퇴한다고 한다. 갈등은 남편이 가정으로 귀환해 아내와 마주하는 시간이 늘면서 표면화한다. 서로 함께 지내는 것이 익숙하지 않다 보니 사사건건 부딪히게 돼 있다. 신혼 때의 설렘과 짜릿함은 벌써 오래전에 사라졌다. 남편은 직장생활을 하면서 밖에서 정신없이 뛰어다니던 회사형 인간이다. 회사형 인간은 아내와 소통하고 일상을 공유하는 데 서툴다. 과중한 업무와 치열한 생존 경쟁에 시달리느라 가족 관계와 같은 삶의 질적인 측면을 돌아볼 겨를이 없었기 때문이다. 그에게 가정은 어디까지나 쉬는 곳이다. 30년 가까이 힘들게 가족을 먹여 살렸으니 이젠 집에서 편하게 휴식을 취해야겠다고 생각한다.

하지만 그사이 가정은 완전히 변했다. 아내가 남편의 귀환을 축하하고 그간의 노고를 위로해줄 것을 기대했다간 큰코다친다. 예전의 아내는 더는 없다. 아내는 남편이 밖으로 나도는 동안 자신만의 네트워크를 구축해놓았다. 자녀 친구들의 엄마 모임을 시작으로 여고 동창이나 대학 동창 모임, 노래교실, 종교 활동 등 자신이 편하게 만나고 즐겁게 지낼 수 있는 사람들과 네트워크를 구축한 사회형 인간이다. 여자들은 돈을 많이 들이지 않고도 재미있게 노는 방법을 잘 안다. 특별한 일이 없어도 만나면 몇 시간씩 수다를 떨며 재미있게 시간을 보낸다. 용건이 없으면 만나도 대화가 잘 이어지지 않는 남자들과는 완전히 다르다. 회사형 인간과 사회형 인간은 처음부터 물과 기름의 관계다. 남녀가 정신적·육체적으로 노화하면서 성질마저 달라지면, 마침내 균열이 생기고 때에 따라선 이혼이란 극단의 선택을 할 수도 있는 것이다.

사회인에서 가정인의 자세로

은퇴 후 생활은 단순히 인생을 정리한다는 의미가 아니다. 생의 3분의 1을 차지하는 중요한 활동기다. 하지만 가정의 권력은 상당 부분 아내한테 넘어가 활동에 제약이 따른다. 만약 아무 생각 없이 은퇴해 집으로 돌아갔다간 곤란한 상황과 마주치게 된다. 머리를 써 연구하고 나름대로 탄탄하게 준비를 해야 한다는 얘기다. 은퇴 후 생활은 남편이 가정인이 돼, 함께 지내는 시간이 길어진 권력자 아내와 공존할 해법을 찾는 것이 관건이다.

부부는 세상에서 가장 가까운 남이며, 따라서 서로 다른 마음을 가지고 있는 사람이다. 이를 인정하고 상대를 이해하면서 관계를 발전시켜야 한다. 한 금융회사가 실시한 설문조사 결과가 무릎을

치게 한다. 이에 따르면 아내들은 "남편이 자기 주변의 일을 스스로 하고, 지역사회나 친구들과 적극 교류하면서 가사를 분담해주면 좋겠다"라고 하는 반면, 남편들은 "아내가 건강하고 활기차게 생활하면서 남편을 간섭하지 말고 자유롭게 해주고, 자기가 좋아하는 일을 찾아 했으면 한다"라고 답했다.

《사랑의 경제학》이란 베스트셀러의 저자인 독일 언론인 하노 벡은 부부 관계를 유지하는 경제적 이득으로 소득의 증가, 고정 비용의 감소, 규모의 경제, 분업의 힘 등 네 가지를 들었다. 부부가 갈라선다면 이들 네 가지 이득과는 반대의 현상이 돌아올 것이다. 미국 다트머스대학교의 데이비드 블랑시 플라워 교수는 배우자가 먼저 세상을 떠났거나 별거 또는 이혼한 사람이 결혼한 상태의 행복감을 느끼려면 연간 약 10만 달러(약 1억 1,000만 원)의 소득이 늘어야 한다고 주장했다. 따라서 행복한 부부의 경제적 가치는 연봉 1억 원과 맞먹는 셈이다.

생의 마지막 이벤트,
'자산 이전'이 남아 있다

박모 씨는 얼마 전 돌아가신 어머니의 재산을 정리하던 중 몇 가지 후회되는 일이 있었다. 어머니께서 돌아가시기 전 상가를 매도해 그 대금을 누나들에게 나누어준 적이 있는데, 그로 인해 오히려 여러 가지 세금 부담이 커졌기 때문이다. 임종 직전 어머니의 부동산 매도가 왜 문제가 됐을까? 어머니는 대부분의 재산을 오 남매의 장남인 박 씨에게 물려줄 생각이었지만 상가만큼은 나머지 네 딸에게 골고루 나누어주길 원했다. 박 씨도 어머니 뜻에 따르겠다고 거듭 약속했지만, 어머니는 더 건강이 나빠지기 전에 해야 한다며 서둘렀다. 행여 사후에 자식들 간 재산 다툼이 생길 것을 염려해서다. 결국 어머니는 보유 상가를 5억 원에 급히 양도한 후 양도세 등 1억 원을 제외한 나머지 4억 원을 딸들에게 각 1억 원씩 현금과 수표로 나누어줬다.

그러나 그런 일이 있고 난 뒤 불과 4개월 만에 어머니께서 갑자기 돌아가시면서 생각지 못한 문제가 생기고 말았다. 국세청은 어머니의 임종 직전 상가가 양도된 사실을 알고 어머니와 딸들의 계좌 흐름을 꼼꼼히 조사해 양도 대금이 어머니 계좌가 아닌 딸들의 계좌로 입금된 사실을 밝혀냈다. 그 결과 딸들은 증여세뿐 아니라 무신고 가산세(20%)와 납부불성실가산세(연간 약 10%)까지 더해져 증여세 세금 폭탄을 맞았다. 세금 문제는 거기에서 그치지 않았다. 딸들이 증여받은 4억 원이 상속 재산에 가산되면서 상속세까지 내야 하는 상황이 된 것이다. 어머니의 상속세율이 40%인 점을 고려하면 딸들의 증여세와 상속세 부담액은 각자 약 4,000만 원씩 총 1억 6,000만 원에 달한다. 결국 세금을 빼고 나면 딸들이 각자 손에 쥐게 되는 돈은 6,000만 원 정도가 된다.

만일 어머니 임종 전에 상가를 미리 양도하지 말고 조금 더 기다렸다가 딸들이 상속을 받았다면 어떻게 됐을까? 상속세는 상가의 기준시가인 2억 원으로 계산되므로 각자 약 2,000만 원씩 총 8,000만 원의 상속세를 납부했을 것이다. 상속세 신고 이후 딸들이 이를 5억 원에 양도했다면 그 양도차익인 3억 원에 대해 각자 약 1,300만 원씩 총 5,200만 원의 양도세를 내게 된다. 이 경우 모든 세금을 빼고 최종적으로 딸들이 각자 손에 쥐게 되는 돈은 약 9,200만 원으로, 앞선 경우에 비해 각자 3,000만 원 정도의 현금을 더 확보할 수 있었을 것이다.

이렇듯 세금 관련 규정을 잘 모르면 안 내도 될 세금을 덤터기 쓸 수 있으니 조심해야 한다. 자산 이전에서는 세금을 얼마나 줄일 수 있느냐가 관건이다.

증여냐 상속이냐

자신의 노후 준비를 끝냈고 자녀의 교육과 결혼까지 마쳤다면 다음 재무 목표는 자산 이전이다. 자산 이전은 생애에 가장 마지막으로 행하는 이벤트다. 자산 이전엔 증여와 상속 두 가지가 있다. 발생 시점이 생전이면 증여고 사후면 상속이다. 둘 다 자산이 무상으로 이전되는 것이어서 다른 세금보다 세 부담이 무겁다. 결국 자산 이전에서 중요한 것은 세금을 얼마만큼 줄이느냐다. 과거 자산 이전은 자산가들의 고민거리였다. 자칫하다간 힘들게 모은 자산의 절반 가까이가 세금으로 날아가기 때문이다. 재산이 적은 보통 사람은 남의 일이나 다름없었다. 그러나 앞으로는 달라질 전망이다. 최근 수년간 부동산 시장 활황으로 10억 원이 넘는 아파트가 속출하고 있다. 10억 원이 넘는 아파트를 상속 재산으로 남기는 경우 각종 공제를 덜어낸다 해도 세금을 피할 수 없다. 더구나 정부는 현행 50%로 돼 있는 최고 세율을 올리는 등 징세를 강화하겠다고 나서고 있다.

상속세와 증여세는 적용 세율이 같다. 따라서 상속이나 증여는 시점만 다를 뿐 내야 하는 세금은 같다고 생각하기 쉽다. 그러나 적용 방법에 따라 세금을 부여하는 기준이 달라지므로 세액도 차이가 난다. 결론부터 말하면 상속보다는 최대한 증여를 선택하는 것이 여러모로 유리하다. 상속세는 상속되는 자산 전체가 과세 대상이다. 즉, 상속은 선택적으로 자산을 이전할 수 없다는 말이다.

이와 달리 증여는 증여자와 수증자가 합의하면 선택적 자산 이전이 가능하다. 여러 차례 나눠 자산을 증여하면 매번 낮은 세율을 적용받아 한 번에 이전하는 상속보다 유리하다. 상속·증여 세율은 누진적이기 때문에 재산 가액이 커질수록 높은 세율이 적용된다. 증여는 10년에 한 차례만 가능하다는 제한이 있지만 10년, 20년 전부터 준비한다면 저렴한 비용으로 보유 자산을 자녀들에게 대물림할 수 있다.

물론 모든 상황에서 증여가 상속보다 유리한 것은 아니다. 서울 강서구에 사는 65세 김모 씨는 은퇴 후 생활자다. 국민연금과 출가한 자녀들이 주는 용돈, 은행 예금으로 생활한다. 그러나 은행 예금은 거의 바닥이 났고, 자녀들의 용돈 지원도 중단될 예정이어서 사는 집을 팔았다. 집 판 돈 20억 원으로 새집을 구하고 나머지는 자녀들에게 물려주고 싶어 한다.

원래 박 씨는 집을 팔아 생긴 20억 원 중 9억 원을 자녀 세 명에게 골고루 나눠주고, 나머지는 아파트를 사려고 생각했다. 이 경우 자녀 한 명당 증여액 3억 원에 대해 증여 공제 5,000만 원을 제하고 3,600만 원[1,000＋(1억을 초과하는 금액의 20%)]의 증여세를 내야 한다. 자녀 세 명의 세금 부담을 모두 합하면 1억 800만 원에 달한다. 그러나 20억 원으로 상가주택을 사서 살다가 상속하면 세금은 거의 없다. 박 씨가 사망해 상가주택 상속이 이루어질 때 상속세는 주택공시 가격을 기준으로 계산한다. 주택공시 가격의 시세반영률이 평균 60~65% 정도임을 고려하면 김 씨의 상속 재산은 약 12억 원 정도가 된다. 보증금 2억 원과 배우자 공제 5억 원, 일괄 공제 5억 원을 차감하면 상속세 과세표준은 제로에 가깝다.

증여세를 줄이는 방안 중에 '부담부 증여'라는 것이 있다. 증여 대상 재산에 은행 대출금이나 임대 보증금을 끼워 넣는 것을 말한다. 증여 재산에 들어 있는 증여자의 채무를 수증자가 인수하는 조건으로 증여할 경우, 그 채무는 증여로 보지 않아 그만큼 증여 재산 가액이 줄어든다. 양도소득세와 증여세는 모두 누진세율을 적용한다. 세금을 증여세와 양도소득세로 나누어 내면 과표 분산에 따라 증여 재산 전체에 대해 증여세를 내는 단순 증여보다 세율이 낮아지고, 이에 따라 세 부담이 낮아진다. 양도소득세는 소득세율의 기본세율인 6~40%가, 증여세율은 과세표준 구간에 따라 10~50%가 각각 적용된다.

'부담부 증여'로 절세 효과

만약 수증자에게 소득이 있다면 전세보증금 외에 증여 부동산을 담보로 금융회사 대출을 받아 채무 금액을 늘린 상태에서 증여하고, 차입금으로 조달한 현금을 추가로 증여하면 절세 효과를 더 크게 누릴 수 있다. 예를 들어 아버지가 2억 원에 취득해 보증금 2억 원에 전세를 주고 있는 아파트를 2년 후 아들에게 증여할 경우, 일반 증여와 부담부 증여를 비교해보자. 이때 시가는 5억 원이고, 양도소득세 계산 시 기타 필요경비는 없는 것으로 가정한다. 채무에 해당하는 금액은 유상으로 자산을 이전하는 것으로 간주돼 양도소득세가 적용된다. 일반 증여라면 수증자인 자녀가 증여세로 7,440만 원을 납부해야 한다. 하지만 부담부 증여라면 수증자인 자녀가 증여세로 3,720만 원을 납부하고, 아버지가 양도소득세로 2,623만 원을 납부하게 된다. 부담부 증여 재산에 대한 세액은 총 6,343만 원으로, 일반 증여보다 약 1,000만 원의 세금을 줄일 수 있다.

물론 부담부 증여가 늘 유리한 것만은 아니다. 양도차익이 많아 중과세가 적용되는 경우라면 부담부 증여가 불리할 수 있다. 또 증여 재산에서 공제받은 채무는 세무 당국의 사후관리 대상이다. 부담부 증여로 세금을 적게 낸 후 수증자가 인수했던 채무를 증여자가 대신 상환해주다가 세금을 추징당하는 사례가 자주 있으니 조심해야 한다.

부모가 보험에 가입한 후 자녀를 위해 보험료를 대신 납부하는 경우가 많은데, 이때도 상속·증여세를 조심해야 한다. 보험료 대납 사실이 확인되면 보험수익자인 자녀가 실제 보험금을 타는 날을 기준으로 세금이 부과된다. 부모가 가입한 보험이 종신보험이면 사망보험금이 상속세 부과 대상이 된다. 저축보험의 경우엔 만기보험금에 증여세가 매겨진다. 세금이란 수익자 부담이 원칙이기 때문에 보험 가입 시 계약자·피보험자·수익자를 잘 가려 엉뚱한 세금을 물지 않도록 해야 한다.

[노후 준비 필살기] 은행신탁, 유언 대신하는 자산 이전 해결사

최근 상속·증여 문제의 대안으로 '신탁'을 활용하는 이들이 늘고 있다. 신탁은 재산 보호라는 본래의 취지 외에 재산의 관리와 증식, 재산 승계, 절세 등 활용도가 높다. 또한 생전에 재산을 자손들에게 이전하면서 자손들이 함부로 재산을 처분하거나 유용하지 못하게 할 수도 있다. 이미 미국·영국 등 선진국에선 상속과 관련해 유언장 대신 신탁을 널리 이용하고 있다. 유명한 것이 세계적인 가수 휘트니 휴스턴의 '유언신탁'이다. 그는 딸을 낳기 한 달 전 은행과 '자녀가 재산 관리 능력이 있을 때까지 신탁으로 유산을 관리하다가 재산을 물려주라'는 유언신탁 계약을 했다. 그녀가 갑자기 세상을 떴지만 이런 과정이 있었기에 계약된 신탁 절차에 따라 상속 절차가 이뤄질 수 있었다.

우리나라에도 유언이 아닌 신탁 계약 형태로 금전·유가증권·부동산을 은행에 맡겨놓고 신탁재산의 수익자를 지정해 상속 플랜을 달성할 수 있는 '유언대용신탁', '수익자연속신탁' 등의 상품이 나와 있다. 그중 유언대용신탁은 유언을 대신하는 신탁 계약으로, 노후를 대비한 효율적인 재산관리는 물론 본인 사망 시 유족들에게 재산 상속이 이뤄지도록 다양한 옵션을 만들 수 있다. 특히 고객에게 빚이 있는 경우 채권자로부터 재산을 보호할 수 있어 자산 이전이 안전하게 이뤄진다. '가족배려신탁'도 있다. 은행에 금전 재산을 위탁하고 가족이나 믿을 만한 사람을 귀속권리자(사후 맡긴 돈을 찾아갈 사람)로 미리 지정하면 본인이 사망했을 때 별도의 협의 없이 신속하게 귀속권리자에게 신탁된 금전 재산이 지급된다. 본인이 사망했을 때 남은 가족들이 부담 없이 장례를 치르고 세금·채무 상환, 유산 정리 등 사후에 벌어지는 다양한 상황에 신속하게 대응하게 해준다.

은퇴하면 줄어드는 것들,
은퇴하면 늘어나는 것들

지금까지 은퇴 후 생활과 관련하여 은퇴 전에 해야 할 일에 대해 이야기했지만, 은퇴 후의 삶은 그야말로 상전벽해식으로 바뀐다. 매달 꼬박꼬박 통장에 들어오던 월급은 더 기대할 수 없고 가진 건 평생 모은 돈과 바다와 같이 넓은 시간뿐이다. 앞서 언급했던 예산 짜기의 필요성이 다시 제기되는 이유다. 은퇴 후 의료비는 과거보다 예산을 크게 잡아먹는다. 일하는 동안엔 대수롭지 않은 변수였던 물가도 은퇴를 하고 나면 주된 관심사가 된다. 과거 직장에서 해결해줬던 세금 계산과 신고 문제도 혼자 대처해야 한다. 자가용 구입처럼 한꺼번에 목돈이 들어가는 지출과 관련한 예산 수립도 힘든 과제가 될 것이다. 만약 이들 비용에 대한 별도의 예산 계획을 세우지 않는다면 가계 재정에 금방 빨간 불이 켜진다.

그러나 뭐니 뭐니 해도 가장 먼저 준비해야 할 것은 은퇴 후

10년 정도로 예상되는 활동기를 보낼 돈이다. 여기엔 취미 생활이나 국내외 여행 경비 등이 포함된다. 내구재 교체비도 이에 해당한다. 이들 비용을 마련하는 작업은 최소 은퇴 3년 전부터 착수하는 게 바람직하다. 재원은 무엇으로 할지, 지출 규모를 얼마만큼으로 할지, 내구재들의 내용연수는 얼마인지 등을 알아야 구체적인 비용을 계산해낼 수 있다.

이들 '은퇴 비용'을 계산하기에 앞서 은퇴 후 삶이 어떻게 바뀔지 생각해보자. 취미 생활을 즐기고 싶은가? 아니면 여행을 자주 다니고 싶은가? 물론 전부 구미가 당기는 여가 활동이다. 그러나 재원이 한정적이어서 가계 지출을 쥐어짜야 할 상황이라면 사전 계획을 치밀하고 체계적으로 세워야 한다. 이를테면 일간·주간·월간·연간 단위로 원하는 활동 목록을 작성해보는 것이다. 매일 해야 할 것은 요리·청소 등이고, 주간 단위론 영화 보기나 등산이 있으며, 월간은 국내 여행, 연간은 해외여행 정도가 될 것이다. 이렇듯 주기별로 원하는 이벤트 목록을 만들면 본격적으로 예산을 짤 수 있다. 아마도 시간을 어떻게 보낼 것이냐에 따라 재정 수요가 늘었다 줄었다 할 것이다.

여유 생활비는 투자자산으로

우선 은퇴 후 예산을 설계하는 일은 생활비에서 시작한다. 매월 꼭 써야 하고 생존에 필요한 필수 생활비와 그 외에 쓰면 좋지만 당분간 안 쓰거나 줄일 수 있는 여유 생활비를 특성에 따라 분류하자.

특성별로 노후 생활비와 노후 소득을 일치시키기 위해 필요한 작업이다. 필수 생활비는 가능하면 부부의 여생 동안 현금흐름이 약속된 '연금'으로 충당한다. 국민연금이나 공적 연금은 여생 동안 소득이 보장될 뿐만 아니라 물가 상승에 따라 연금액이 늘어나는 장점이 있다. 국민연금만으로 모자란다면 개인연금과 현금흐름이 보장되는 다른 대안을 찾아 보충하고 그래도 모자라면 주택연금을 동원한다.

여유 생활비는 투자자산으로 마련하는 것이 바람직하다. 투자자산은 시장 상황에 따라 수익률이 높을 수도 낮을 수도 있고, 손실을 볼 수도 있다. 투자자산의 운용 성과가 좋으면 좀 더 인출해서 여행을 가는 등 삶의 질을 높여본다. 수익률이 낮았다면 조금 인출하거나 인출을 나중으로 미뤄서 노후 자산을 보호한다.

은퇴 후 생활은 현역 때와 지출 구조가 완전히 달라지기 때문에 여기서 절약된 돈을 저축으로 돌릴 수 있다. 뜻밖의 소득을 올릴 가능성이 있으니 지출 내역을 촘촘히 살피자. 먼저 은퇴 후 연간 예산에 대해 분명한 그림을 그릴 필요가 있다. 은퇴하면 현역 때 고정적으로 나갔던 지출의 상당 부분을 절약할 수 있다. 이를 저축으로 돌리는 것이 중요하다. 예컨대 지하철로 출퇴근했다면 은퇴 후엔 이 비용을 절약할 수 있을 것이다. 이를 위해 한 달 지하철 출퇴근 비용이 얼마나 되는지 계산해보자. 매달 집으로 날아오는 카드 사용 대금 청구서를 보면 한 달 지하철 출퇴근 비용을 쉽게 확인할 수 있다. 여기에 12를 곱하면 연간 지하철 이용 액수가 나온다. 바로 이 금액이 은퇴 후엔 절약돼 저축할 수 있는 여윳돈이 된다. 다른 비용 항목들에 대해서도 현역 때의 연간 사용 금액을 구해 은퇴 후 저축 가능 금액으로 환산해보자. 현역 때의 고정 비용은 교통비 외에 차량 유지비, 의류 구입비, 외식비, 드라이클리닝비, 개인용품 구입비, 도서·정기간행물 구독비 등이 있다. 이들은 직장을 다니는 동안엔 필요하지만 은퇴하면 불필요해지거나 지출이 줄어든다.

반면 현역 시절보다 늘어나는 것이 있다. 일이 없어져 남아도는 여가를 알맞게 쓰기 위해 드는 비용이다. 이는 은퇴 후 저축으로 전환된 '현역 비용'으로 일부 충당할 수 있다. 여기엔 취미 생활비, 국내외 여행비, 헬스장 등록비 등이 포함된다. 이들 비용을 연간으로 환산하여 앞서 파악한 저축 전환 비용을 차감하면 은퇴 후 여가 계정 수지가 적자냐 흑자냐가 결정된다. 대개 여행비는 목돈 성격이어서 적자 수지일 가능성이 크다. 하지만 실망할 필요는 없다. 국내외 여행 횟수를 줄이는 등 여가 활동을 축소하거나 은퇴 후 여가 선용을 위해 비축하는 비상금 규모를 더 늘리면 된다. 은퇴 후 여가 비용 마련은 보통 은퇴 3년 전부터 시작하는데, 비상금을 늘릴 수 있는 충분한 시간이다. 어쩌면 이 비상금 마련이 은퇴 예산 짜기에서 가장 신나는 일일 수 있다.

은퇴 재정 잡아먹는 내구재 교체비

은퇴 후 생활에서 여가 비용 외 꼭 고려해야 할 것은 내구재 교체를 위한 일회성 비용이다. 빠듯한 은퇴 살림에 적지 않은 돈이 드는 만큼 이에 대한 예산을 세우지 않으면 재정적 충격에 직면하게 된다. 어쩌면 일회성 비용에 대한 예산을 세워야 최종적인 은퇴 예산 짜기가 완성된다고 말할 수 있다. 우선 내구재 품목별로 내용연수로 은퇴기간 30년에 품목별 사용연수를 더한 값을 나눈다. 이는 은퇴 후 생활에서 내구재 품목당 교체 횟수를 의미한다. 여기에 품목별 교체 비용을 곱하면 은퇴 후 기간의 교체 예산이 나온다. 참고로 내구재별 내용연수는 자동차 8년, 대형 스크린 TV 7년, 에어컨 10년, 데스크톱 컴퓨터 5년, 식기세척기 15년, 냉장고 20년, 세탁기 15년 등이다.

계산 결과 예산 부담이 감당하기 어려울 정도로 클 수 있다. 그러나 겁먹을 필요는 없다. 연간 교체 비용(교체 비용÷내용연수)에 해당하는 금액을 고수익 저축계좌나 양도성예금증서(CD)에 적립해 나가면 나중에 교체에 사용할 유동성을 확보할 수 있다. 또 내구재는 관리 여하에 따라 수명을 얼마든지 연장할 수 있다. 나중에 은퇴수입이 내구재 교체 때문에 왕창 잡아먹힐 것이 걱정된다면 가전제품이나 생활필수품, 소비재의 수명을 연장할 방법은 없는지 찾아보자.

[노후 준비 필살기] 은퇴 축하금 만들기

60세에 은퇴해 건강 수명 80세까지 산다고 할 때 잠자는 시간을 뺀 실제 활동은 8만 시간 정도로 추산된다. 그래서 남아도는 시간을 보내기 위한 여가 활동은 선택이 아닌 필수가 되고 있다. 여가 활동은 건강을 지키는 데 좋고 고독감이나 고립감을 해소할 뿐 아니라 남은 삶을 의미 있게 재설계할 기회도 준다. 이것저것 건드리기보다 한 가지에 거의 전문가 수준이 될 정도로 몰입하는 것이 좋다. 취미를 자주 바꾸다 보면 비용이 많이 들 뿐 아니라 만족감도 떨어진다. 취미 활동과 관련한 기술과 지식은 은퇴 이전부터 길러야 한다. 많은 사람이 은퇴한 다음 여유가 생길 때 취미 활동을 시작하겠다고 하는데, 이는 잘못된 생각이다. 나이가 들면 상대적으로 학습 능력이 떨어지고 새로운 지식을 배우기가 꺼려지는 경향이 있다.

선진국에선 은퇴 후 여가 활동에 쓸 '은퇴 축하금'을 만들어놓고 최소 1년 동안은 아무 일도 하지 않고 미래 계획을 세우며 준비하는 은퇴자가 많다. 은퇴 축하금은 우리 돈으로 5,000만 원에서 1억 원 정도라고 한다. 은퇴 축하금은 말 그대로 은퇴를 자축하기 위해 마련하는 돈이다. 직장생활을 끝낸 자신에게 그동안의 노고를 위로하고 완주를 격려하기 위해 사용하는 자금이다. 가정을 위해 자존심을 뭉개고, 스스로에게 인색할 수밖에 없었던 세월에 대한 보상이기도 하다. 은퇴자는 축하금으로 그동안 하고 싶었던 것을 하거나 자신의 꿈을 생각하며 은퇴의 시간을 깊이 호흡할 여유를 갖는다. 이 시간은 일종의 은퇴 충격을 흡수하는 완충재 역할을 한다. 또 축하금은 인생의 전반전을 정리하고 후반전을 준비하는 역할을 함으로써 은퇴로 연착륙을 유도하는 기능도 갖고 있다.

그래도 돈이 부족하다면
'플랜 B' 가동하기

우리나라에서 노후 자금을 만들지 못한 50대 이상은 25%에 달한다. 이들에겐 5년 만에 노후 준비를 끝낸다는 것이 불가능한 소리로 들린다. 물론 나머지 75%라 해서 노후 준비를 끝냈다고 큰소리칠 만한 사람은 드물 것이다. 노후 준비는 고령화의 진전으로 최근 화두가 됐을 뿐, 이들 세대에겐 그리 심각한 주제가 아니었다. 그러다 보니 대부분이 원하는 노후 생활 수준에 크게 못 미치는 준비 상황에 좌절감을 느끼고 있다.

노후 자금이 부족하다면 해결 방법은 크게 두 가지다. 퇴직 후에도 일을 하는 것이 첫 번째다. 사람에겐 인적 자산과 물적 자산이 있다. 인적 자산은 배운 지식과 노동력으로 돈을 버는 것을 말하고, 물적 자산은 금융 상품과 부동산을 의미한다. 퇴직은 인적 자산이 휴식에 들어감을 뜻한다. 물적 자산은 왕성한 활동을 시작하지만 노후 자금에 보탬이 되기엔 역부족이다. 그래서 인적 자산을 놀리지 말고 재활용하라고 조언하는 것이다. 직장에서 물러났다고 기죽지 말고 같은 직장에서 파트타임 일자리라도 찾아보고, 이게 여의치 않으면 직종을 바꿔 재취업을 해보라는 이야기다. 인적 자산은 저금리 시대일수록 빛을 발한다. 다니던 직장에서 퇴직한 후 파트타임으로 비슷한 일을 찾았다고 해보자. 만약 월 200만 원을 받는다면 금리 2% 기준 12억 원의 금융자산을 보유하고 있는 것이나 마찬가지다. 그만큼 인적 자산의 가치가 뛰어나다는 말이다. 그렇다고 퇴직 후 남은 인생 전부를 일에 갖다 바치라는 얘기는 아니다. 은퇴 후 10년 정도, 소비가 가장 왕성한 활동기만이라도 인적 자산을 활용해보라는 것이다.

노후 자금이 부족하더라도 더는 일하기 싫다면 방법은 있다. '플랜 B'를 가동하는 것이다. 앞서 설명한 지출 통제를 통한 저축금 늘리기가 '플랜 A'였다면, 플랜 B는 이미 세운 노후 계획을 축소해도 행복하게 사는 방법은 무엇인지 지혜를 짜내는 것을 말한다. 노후의 삶이 예상과 다를 때, 플랜 B가 새로운 관점을 제공하여 바람직한 방향으로 이끌 것이다. 저축한 돈이 얼마 안 되는 상황에서 원하는 노후 생활을 즐길 수 있는 마법은 존재하지 않는다. 그러나 은퇴 후 생활에 대한 기대치를 낮추고 이를 받아들일 자세가 돼 있다면, 인생 후반부의 삶은 결코 고달프지 않다.

'더 해야 할 것' 찾지 말고 '하지 말 것' 체크하기

노후 자금이 충분하지 않아 더 준비해야 할 것이 무엇인지 알아보기 전에, 하지 말아야 할 것에 대한 논의가 필요하다. 은퇴를 눈앞에 둔 사람은 불안하게 마련이다. 직장 상실로 인한 좌절감이 밀려오고, 이를 극복하기 위해 뭔가를 해야겠다는 조급함이 고개를 든다. 그러나 조급한 마음으론 절대 돈을 모을 수 없다.

은퇴 초년병이나 예비 은퇴자 주변엔 사기꾼들이 늘 서성거린다. 이들은 조급증에 걸린 은퇴자에게 유혹의 손길을 뻗는다. 적당한 수익률을 제시하면서 감언이설을 속삭이면 넘어가지 않는 은퇴자가 거의 없다고 한다. 한탕을 노리고 주식을 잔뜩 사 모으는 경우도 있다. 물론 운이 따라줘 목표로 한 시점에 계획대로 은퇴를 할 만큼 돈을 버는 기회를 잡을 수도 있을 것이다. 그러나 만약 시장이 침체에 빠지거나 예상만큼 오르지 않는다면 지금보다 훨씬 나쁜 상황에 처하게 된다는 것을 명심하자.

부자가 되는 길은 보통 사람 눈에 잘 띄지 않는다. 비밀도, 마술도 없다. 투자의 귀재가 있긴 하다. 그렇다고 그런 행운이 나에게 오길 기대하며 마냥 기다릴 순 없는 노릇이다. 확률적으로 실현 가능성이 큰 플랜을 세우는 것이 훨씬 낫다. 전통적인 방법으로 재산 증식에 나서라는 이야기다. 덜 쓰고, 더 저축하며, 돈이 새끼를 칠 시간을 버는 것이다.

새로운 일자리로 포트폴리오 업그레이드

달갑지 않은 옵션이긴 하지만 자신과 약속한 은퇴 시점을 지나 몇 년 더 일하는 것은 노후 소득에 엄청난 차이를 가져온다. 우선 노후 자산 포트폴리오를 보강할 시간을 벌게 해준다. 노후 자금 인출도 늦출 수 있어 곳간이 바닥날 가능성을 줄여준다. 투자자산이 복리로 불어날 시간이 더 생긴다. 회사의 단체보험 혜택을 누리면서 건강보험료 납부도 연기할 수 있다. 은퇴자는 지역보험으로 넘어가는데, 재산 상태에 따라 보험료가 크게 오른다. 일자리를 가지고 있으면 이를 예방할 수 있다. 그뿐 아니라 소득 공백기도 단축할 수 있다.

쉴 나이에 일을 더 한다는 것이 우울하긴 하다. 그리고 나이 들어 재취업을 한다는 것이 호락호락하지도 않다. 이럴 땐 일단 현직에서 물러나 얼마간 휴식을 취한 다음 근로소득을 벌 방안에 관해 머리를 굴려보자. 전 직장에서 비정규직 일자리를 찾는 건 크게 어렵지 않다. 이 방법은 은퇴 후에도 생활비를 벌 수 있어 재정 문제를 해결해주고 심리적 안정감도 누리게 해준다. 수입은 전보다 많이 줄지만 소속감이 생긴 만큼 크게 늘어난 자유 시간을 마음 편히 누릴 수 있다. 회사로서도 퇴직자의 경험을 활용할 수 있어 윈윈 게임이다. 사회 분위기가 정규직을 고용하기보다는 파트타임 일자리를 선호하는 쪽으로 가고 있다. 앞으로 파트타임 일자리는 갈수록 늘어날 전망이다. 관건은 일자리에 대한 열린 마음이다. 은퇴의 삶을 즐기기 위해 소득을 올릴 묘책을 짜내는 데 열중해보라. 아마 훨씬 젊어지고 정력적인 자신을 발견하게 될 것이다.

모르면 손해인 사회보장 제도

우리나라는 사회보장 안전망이 엉성하고 거칠다. 은퇴자의 노후 복지가 매우 열악한 상태에 있는 것은 그래서다. 그러나 모르면 손해이니 미리 챙겨두는 것이 중요하다. 무엇보다 노후 자금이 부족하거나 할 때 쏠쏠한 도움을 받을 수 있다. 먼저 실업급여는 근로자가 실직했을 경우 재취업 활동을 하는 기간에 급여 형식으로 지급하는 것을 말한다. 실직자와 그 가족의 생활 안정과 원활한 구직 활동을 위해 마련된 제도다. 월급이 사라진 은퇴 초기에 실업급여는 상당한 심리적 위안을 준다.

실업급여는 구직급여, 취업촉진수당, 연장급여, 상병급여 등으로 구성된다. 지급되는 구직급여의 액수는 재직 기간과 재직 중 받은 급여 수준에 따라 차이가 있다. 현재는 하루 최고 5만 원, 최대 240일까지 받을 수 있다. 한 가지 주의해야 할 것은 신청 시기다. 구직급여는 퇴직일로부터 1년 이내에 모두 수급해야 하므로 일찍 신청하는 것이 좋다. 내 실업급여액은 고용보험(www.ei.go.kr)에서 확인할 수 있다.

퇴직하면 국민연금은 직장 가입자에서 지역 가입자로 전환된다. 소득이 없을 땐 납입유예가 가능하다. 대신 내가 받을 연금액은 유예된 기간에 비례해 줄어든다. 소득이 없더라도 임의 가입 제도를 통해 계속 국민연금 보험료를 낼 수 있다. 국민연금 개시 전까지 특별한 소득이 없는 경우에는 '조기노령연금' 제도를 활용할 수 있다. 연금을 수령하는 연령 5년 전부터 미리 받을 수 있는 제도로, 연금 수급액이 월 0.5%씩 5년이면 최대 30%까지 줄어든다.

건강보험도 퇴직하면 지역건강보험으로 편입된다. 문제는 국민연금은 소득이 없으면 납입유예 제도를 통해 보험료 납입을 유예할 수 있지만, 건강보험은 이런 제도가 없다는 것이다. 지역건강보험은 소득·재산·세대원의 성·연령 등을 점수화해 보험료를 징수한다. 때에 따라서는 퇴직 후 수입이 줄더라도 오히려 재직할 때보다 더 많은 보험료를 내야 할 수도 있다. 이런 경우 '임의계속 가입자' 제도를 이용하면 좋다. 이는 퇴직 후 2년 동안 퇴직 전에 내던 직장건강보험료를 납부하는 제도다. 중요한 것은 신고 기한을 준수해야 한다는 것이다. 지역 가입자로 전환된 이후 최초로 고지받은 지역보험료의 납부 기한 이후 2개월 이내에 신청해야 적용할 수 있고, 이 기간이 지나면 혜택을 받지 못한다.

최악의 상황을 피할 수 있는 플랜 B

은퇴 후에는 소득흐름 만들기와 플랜 B를 병행해야 한다. 은퇴 설계에서 통제권을 행사할 수 있는 대상은 저축과 소비다. 저축금이 부족하다면 지출 예산에서 감축할 수 있는 대목이 무엇인지 알아보는 게 순서다. 우선 노후 부족 자금을 계산해보고, 이를 메우기 위한 월별 저축 계획을 세운다. 아울러 실행 지출 예산에서 삭감할 수 있는 것은 무엇인지 알아본다. 이 방법은 아주 명쾌한 해법을 제시한다. 차 두 대를 한 대로 줄인다든지, 아니면 사는 집 크기를 줄이거나 외식을 절제할 수도 있다. 이렇게 해서 예산을 감축한 돈이 바로 저축 재원이 된다. 이러한 플랜 B를 실행하면서 잊지 말아야 할 것은 매달 들어오는 수입을 토대로 지출 계획을 세울 때 '나 자신의 노후를 위한 돈만큼은 가장 먼저 빼놓아야 한다'라는 점이다. 생활 수준을 낮추기를 원하는 사람은 아무도 없겠지만, 이러한 희생이 은퇴 후 어떤 보상을 가져다줄지 생각해보면 참을 만할 것이다. 낮춰진 생활 수준에 익숙해지면 은퇴 후 돈 소비에 여유를 갖게 된다. 지출 감축은 지금까지 필요하다고 여겨왔던 많은 것이 실제로는 불필요했다는 것도 깨닫게 해준다.

아무리 마른 수건을 쥐어짜듯 해도 노후 부족 자금을 채우기가 어려울 수도 있다. 지금까지의 저축금과 앞으로 저축할 금액을 기준으로 은퇴 후 연간 수입이 얼마나 되는지 따져보고, 이것으로 인생 후반전의 삶을 어떻게 영위해야 하는지 차분하게 생각해보자. 말하자면 노후 재설계다. 노후 생활의 기대 수준을 확 낮추고 꼭 필요한 것만 지출하는 방향으로 그림을 다시 그리는 것이다.

이를 위해 개인적인 행복을 지키기 위한 최소의 조건에 대해 심사숙고해봐야 한다. 노후의 삶에 관한 최악의 시나리오를 그려보는 것은 현재의 소비 습관에 변화를 주는 데 자극제가 될 것이다. 플랜 B는 뼈를 깎는 지출 감축의 고통에 대한 마음가짐을 단단히 하고, 은퇴 후 최악의 상황만은 피하자는 것이 근본적인 취지다.

돈 되는 필살기
하나쯤은 있어야 한다

"드론 자격증만 있으면 7분에 200만 원을 번다."

얼마 전 가수 김건모 씨가 한 TV 예능 프로그램에 나와서 한 말이다. 그 영향인지 요즘 은퇴자들 사이에 드론 자격증을 따려는 열기가 뜨겁다고 한다. 전국 주요 드론 전문 교육기관엔 드론 자격증을 따려는 수강인원들로 넘쳐난다. 2015년만 해도 자격증 시험 응시자 수가 300여 명에 불과했으나 2017년엔 그 열 배가 넘는 3,200명이 응시해 1,970명이 합격했다. 서울 목동에 사는 54세 권모 씨는 "드론은 취미 생활도 되고 돈벌이도 가능하다"라며 "2~3년 후면 회사를 그만둘 예정인데, 노후 준비 차원에서 드론 자격증을 따놓았다"라고 말했다.

노후 준비라고 하면 대부분 재무적인 것을 떠올린다. 그도 그럴 것이 우리나라처럼 사회 안전망이 취약한 환경에선 개인적 준비를 병행하지 않으면 노후에 생계를 잇기 어렵기 때문이다. 정부의 복지 시계가 고장 났다면 개인이 시장을 기웃거리며 비용을 지불하고 구매할 수밖에 없다. 돈 안 드는 노후 준비란 없다. 그러나 돈이 전부는 아니다. 돈이 많지 않아도 얼마든지 행복할 수 있다. 그래서 재무적 준비 못지않게 비재무적 준비도 중요하다.

비재무적 준비의 핵심은 바로 취미다. 대부분의 은퇴 준비생들한테는 취미가 낯선 이슈다. 재무적 준비도 힘겨운 터에 한가한 소리로 들릴 수도 있다. 그러나 좀 더 보람 있는 은퇴 후 생활과 자아성취를 위해 취미 개발은 꼭 필요하다. 여기에 드론 자격증처럼 돈벌이를 겸할 수 있으면 금상첨화다.

은퇴 후 찾아오는 고독이라는 병

은퇴 후 찾아오는 변화 중 하나는 혼자 남아 있는 시간이 많아진다는 점이다. 은퇴 후 30년을 산다고 할 때 밥 먹고, 자고, 병치레하는 시간을 빼면 약 10만 시간이 온전히 활동하는 시간이다. 물론 전적으로 외톨이가 된다는 뜻은 아니다. 은퇴를 하면 직장동료나 사회에서 인연을 맺은 지인들이 멀어지는 대신 친구나 가족들과의 관계는 계속 이어진다. 다만, 교류의 범위가 갈수록 좁아지고, 그러다 보면 자주 외로움이란 장벽과 마주하게 된다.

젊을 땐 마음을 터놓고 지낼 친구가 많기에 외로움을 느끼고 말고 할 것도 없으나 나이를 먹으면 친구를 사귀기가 쉽지 않고 있는 친구마저 이런저런 이유로 소원해지기 십상이다. 남이 찾아주지 않아서가 아니라 스스로 외로움을 자초하기도 한다. 특히 현역 때 고위직에 오른 사람일수록 외로움을 심하게 탄다고 한다. 사소한 일까지도 처리해주던 부하직원이 곁에 없다는 사실에 한동안 금단증세를 겪기도 한다. 어쨌거나 은퇴자에겐 '혼자 지내야 하는 시간'이 피할 수 없는 현실이다. 하루가 멀다 않고 친구를 만나도, 부지런히 뭔가를 배우려고 좇아 다녀도 혼자 있는 시간이 점점 길어질 수밖에 없다. 그러다가 자식들이 결혼해 독립하고 배우자와 헤어지기라도 하면, 그야말로 고립무원의 신세가 된다.

은퇴자들은 외로움 또는 고독을 은퇴의 공적 1호로 꼽는다. 평소 부지런히 경조사를 좇아다니고, 퇴근 후 술자리에 자주 어울리며, 어떻게 해서든지 모임을 엮으려고 한다는 사실은 고독을 떨쳐내려는 몸부림이 얼마나 간절한지를 보여준다. 하지만 외로움이 피할 수 없는 현실이라면 차라리 친구로 만들어 친하게 지내면 어떨까? 혼자서도 잘 노는 힘만 기른다면 외로움을 친구로 만드는 건 어렵지 않다. 은퇴 전문가들은 건강한 노년의 삶은 육체적·정신적 건강뿐 아니라 사회적 건강을 챙기는 것이라고 말한다. 우리나라 사람은 세계적으로도 기대 수명이 긴 장수를 누리고 있지만 사회적으로 건강하지 못한 삶을 살기에 심각한 문제를 안고 있다.

인간관계를 무 자르듯 완전히 끊고 살아가는 사람은 없지 싶다. 주변에 나를 끔찍이 여기는 선후배와 동창생을 포함해 지인, 이웃, 친인척을 알뜰살뜰 챙겨가면서 사람들과의 공백을 메워나가는 것이 현명하다. 제아무리 꼴 보기 싫은 사람도 시간이 제법 흘러가면

용서의 구간을 통과하면서 사랑스러워지기 마련이다. 돈벌이가 됐든, 건강을 지켜주는 취미가 됐든, 아니면 활력을 불러일으키는 일이 됐든, 사람을 사귀고 함께하는 것이야말로 최고의 투자다.

여행은 여가 활동, 취미는 경제 활동

은퇴를 앞둔 사람들에게 은퇴 후 남아도는 시간을 어떻게 보낼 것이냐고 물어보면 여행을 첫째로 꼽는다. 그동안 돈 버느라 고생했으니 이젠 자유롭게 국내로, 해외로 훨훨 날아다니겠다고 한다. 경제적 여유가 있는 사람은 크루즈 여행이나 요트, 승마, 골프 등 장밋빛 생활도 그린다. 그러나 여기엔 돈이 만만치 않게 들고 건강도 따라줘야 한다.

이 두 가지를 모두 갖췄다면 당분간 무척 만족스러운 노후를 지내게 될 것이다. 그러나 1~2년 지나면 이들 여가 활동에 대한 재미나 호기심이 반감하기 시작하고, 얼마 지나지 않아 시들해지고 만다. 여행이나 승마, 골프라는 것도 없는 시간을 쪼개서 하는, 말 그대로 여가선용이어야 하는데, 시간 죽이기 식이 되어서는 재미가 덜하기 마련이다. 돈에 여유가 있다 하더라도 수입은 빤하고 믿는 건 알토란 같은 노후 자금뿐이어서 은퇴 이전보다 지출이 늘어나는 활동엔 부담을 느끼게 된다. 나아가 나이가 들수록 병원을 찾는 횟수가 늘어나고, 노후 자금에서 의료비가 차지하는 비율이 커진다는 점을 고려하면 여가 활동이 그렇게 즐겁지만은 않다.

그렇다면 이들 여가 활동의 대안은 무엇일까? 노후를 즐기면서 보낼 '재밋거리'를 찾아야만 한다. 노후 준비에서 취미를 빼놓아선 안 되는 이유다. 여가 활동과 취미는 다르다. 여가 활동은 말 그대로 일을 안 하는 자유 시간을 즐기는 행위다. 반면 취미는 어디까지나 일이고 일종의 경제 활동이다. 직장을 중심으로 인간관계를 맺어온 우리나라 사람들은 취미와 여가 활동을 잘 구분하지 못한다. 은퇴자들 대부분은 취미가 무엇이냐고 물으면 TV 시청이나 등산이라고 답한다고 한다. 그만큼 취미의 개념마저 잘 모른다는 이야기다.

취미라는 것을 너무 거창하게 생각할 필요는 없다. 과거에 해보고 싶었거나 과거에 했지만 오랫동안 손을 대지 못했던 것, 예컨대 외국어 학습, 요리를 배우는 것, 기타나 색소폰 같은 악기를 배워보는 것 등 무수히 많다. 그중에서 본인의 취향에 맞는 것으로 선택하면 된다. 다만 은퇴 후 취미는 무얼 하든 전문가 수준으로 끌어올리는 것이 좋다. 직장에 다닐 때야 취미와 여가 활동의 경계선이 모호했지만 노후엔 생활의 일부분이자 어엿한 경제 활동이 되기 때문이다. 전문가를 뺨칠 정도의 '필살기'가 한 개쯤은 있어야 한다. 잘만 하면 노후 소득원으로도 연결할 수 있다. 이런 필살기는 은퇴 전부터 틈틈이 준비해두어야 은퇴 후에 본격적으로 실력 발휘를 할 수 있다. 적어도 은퇴 3년 전부터는 필살기 연마에 돌입하는 것이 바람직하다.

5장

이것만 기억하면
'노후 파산'
결코 없다

노후 준비를 하면서 원금보장을 고집하다간 나중에 생활비가 모자라 '노후 파산 쇼크'를 겪을 수 있다. 무조건적인 안전자산 선호가 결국 독이 될 수 있음을 깨닫고, 실적배당 투자 상품의 비중을 늘리는 게 현명하다.

시간과 물가를 이기는
설계도는 따로 있다

노후에 쓸 돈은 과연 어떻게 책정하는 걸까? 보통 의식주 비용인 기초 생활비는 월 150만 원, 여기에 문화생활·의료 비용을 더한 적정 생활비 200만~250만 원, 그리고 해외여행 등 여가를 즐기면서 지내는 데 필요한 돈은 300만~500만 원이라고 추산한다. 정말 이대로 준비하면 되는 걸까? 아니다. 큰일 난다. 금액이 적어서가 아니다. 물가를 고려하지 않아서다. 물가는 돈의 가치를 야금야금 갉아먹는 '악마'다. 노후 자금은 물가 상승을 고려해 현재 계산된 명목 금액보다 훨씬 많이 준비해야 낭패를 당하지 않는다. 왜 그런지 알아보자.

돈의 가치, 시간·물가와 반비례

얼마 전 한 보험회사는 국민연금 127만 원과 주택연금 108만 원을 타는 어느 고객에게 노후 생활비로 20년간 매달 250만 원을 쓰려면 즉시연금에 6,500만 원을 가입하면 된다고 조언했다. 보험사는 상속형 즉시연금에 이 금액만큼 가입하면 매달 15만 원이 나오고 20년 후 원금이 만기 지급된다고 설명했다. 국민연금과 주택연금에 즉시연금 15만 원을 더하면 월 250만 원이 된다는 것이었다. 하지만 이는 물가 상승에 따른 화폐가치 하락분을 고려하지 않은 것이기 때문에 고객에게 잘못된 정보를 줄 수 있다.

물가 상승으로 15만 원의 화폐가치는 해를 거듭할수록 떨어진다. 즉시연금에서 나오는 월 15만 원의 고정 금액으로는 현재 구매력 기준으로 매달 250만 원에 해당하는 금액의 현금흐름을 유지하지 못한다는 뜻이다. 연간 물가 상승률을 2%로 잡고 10년 후 현재 화폐가치로 15만 원의 연금을 타려면 6,500만 원이 아닌 7,938만 원(6,500만 원을 10년 동안 연 2% 물가 상승률로 환산)을 즉시연금에 들어야 한다. 20년 후엔 9,694만 원이 필요하다. 만약 보험회사의 추천대로 즉시연금을 준비한다면 노후에 생활비가 모자라 어려움을 겪을 수 있다.

돈이라는 건 시간이 지남에 따라 '가치' 또는 같은 의미로 '구매력'이 떨어지는 속성이 있다. 돈은 위대하지만 시간 앞에선 맥을 못춘다. 경제 성장에 따라 물가가 오르고 시중에 돌아다니는 통화량이 늘어나게 돼 돈의 가치가 하락한다. 이를 인플레이션이라고 한다. 돈의 가치는 시간이 길수록, 물가 상승이 심할수록 하락세에 속도가 붙는다.

주어진 물가 상승률 아래 현재 돈의 가치가 절반이 될 때까지 얼마나 걸리는지 쉽게 알아보는 방법이 있다. '72 법칙'이 그것이다. '72'란 숫자를 연간 물가 상승률로 나누면 원금의 가치가 반 토막 날 때까지 걸리는 햇수를 쉽게 계산할 수 있다. 예를 들어 연간 물가 상 승률이 3%라면 24년 뒤 화폐가치가 절반이 돼 그 시점의 1,000원은 구매력을 기준으로 현재의 500원(1,000원의 화폐가치가 절반으로 하락)에 해당한다. 30대 중반의 월급쟁이가 24년 뒤의 노후 자금을 5억 원으로 계산했다면, 실제 목표는 10억 원으로 설계해야 한다는 뜻이다.

이런 돈의 속성을 고려하면 은퇴 설계를 어떻게 해야 할지 답이 분명해진다. 투자 수익률이 적어도 물가 상승률보다 높아야만 목표 자금이 부족하지 않게 된다. 만약 물가 상승률이 2%지만 투자 수익률이 6%라면 물가 상승을 고려한 실질가치는 그 차이인 4%

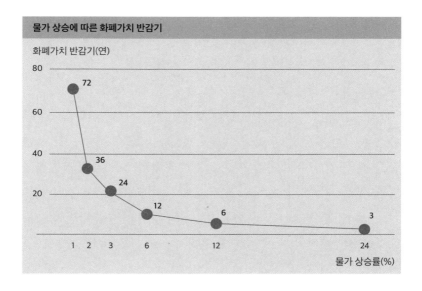

물가 상승에 따른 화폐가치 반감기

화폐가치 반감기(연)

물가 상승률(%)

복리로 불어난다. 그러나 투자 수익률이 물가 상승률에도 못 미친다면 투자원금의 실질가치는 오히려 떨어져 재산가치가 줄어드는 결과가 된다.

'물가의 천적' 주식

결국 은퇴 설계는 죽는 날까지 어떻게 하면 물가 훼방꾼을 철저하게 막아내느냐가 관건이다. 이와 관련하여 은퇴 시작 시점에 얼마의 자금이 필요하다는 방식보다는 은퇴 이후 생활을 초기·중기·후기의 3단계로 나누어 자산을 분산해두는 것이 좋다. 중기와 후기로 갈수록 시간과 물가를 이겨낼 수 있는 주식과 채권 비중을 높여가는 것이 효과적이다. 은퇴 설계는 인플레이션에 맞서는 장기전이다. 은퇴 자금의 일정 부분을 마지막까지 투자자산으로 보유해야하는 이유다.

사실 사람들은 오랫동안 지속된 저물가의 영향으로 은퇴 설계에서 물가 문제를 그렇게 심각하게 다루지 않고 있다. 그러나 앞으론 다르다. 미국이 2016년 말부터 금리 인상을 시작한 것은 물가 상승을 의식한 것이다. 우리나라도 초저금리 기조가 끝나는 건 시간문제다. 통화 당국이 인상 카드를 만지작거리며 시기를 저울질하고 있다. 2017년 상반기 중 소비자 물가지수 상승률은 정부의 연간 목표 억제선인 연 2%를 넘었다. 유럽 국가들은 디플레이션의 함정에 빠지지 않도록 물가를 끌어올리려고 안간힘을 쓰고 있다. 저물가 시대가 저물고 있는 것이다.

[노후 준비 필살기] 물가 방어 3총사 – 물가연동채권·국민연금·주택연금

 보통 기준금리를 올리는 전통적 통화 정책의 이면엔 인플레이션에 대한 우려가 자리 잡고 있다. 물가연동채권이 주목받게 된 것은 그래서다. 물가가 오르면 화폐가치가 떨어지고 채권값도 하락하게 마련이지만 물가연동채는 물가가 오르면 원금이 불어나고 받는 이자도 늘어 물가 상승에 따른 화폐가치 하락을 보상받게 되는 구조다. 물가연동채 이자 지급 주기가 돌아오면 그달 발표된 물가연동계수를 원금에 곱해서 조정원금을 산출한다. 물가가 상승할수록 조정원금이 커지고 이자 지급 규모도 늘어난다.

 예를 들어 10년 만기, 액면 1억 원, 표면이율 2%인 물가연동국고채에 투자할 경우 소비자 물가지수가 발행일 100에서 1년 후 102로 올랐다면 이때 원금은 1억 200만 원으로 조정된다. 물가가 오르지 않았다면 이자는 연 200만 원 수준이지만, 물가가 올라 이자도 연 204만 원으로 늘어났다. 10년 만기까지 보유했을 때 물가지수가 그사이 110으로 상승한다면 원금은 1억 1,000만 원으로 늘고, 이자도 연 220만 원으로 증가한다. 다만, 물가채도 채권이기 때문에 금리가 올라가는 시기에 자본 손실이 발생할 수 있다. 하지만 만기까지 보유하면 초기 투자했던 원금보다 물가가 오른 만큼 더 많은 상환금을 받게 된다. 그런데 물가 상승 기대감에 물가채에 대한 투자 수요가 몰리면 물가채 금리는 덜 오른다. 금리와 물가가 동시에 오르는 시기에는 물가채를 사고 일반 국채를 매도하면 인플레이션을 헤지(위험 회피)하면서 금리 상승에 따른 수익까지 노릴 수 있다.

 국민연금은 미래 가치를 반영한다. 지금보다 미래에 받는 연금이 더 커진다는 이야기다. 이에 반해 개인연금은 개시 시점에 고정된 수령 금액이 끝까지 유지된다. 지금이나 미래나 받는 연금이 동일하다는 말이다. 개인연금과 국민연금의 가장 큰 차이점이다. 국민연금의 미래 가치에 영향을 끼치는 요인 중 하나는 전년 동월 대비 전국 소비자 물가 상승률이다. 소비자 물가 상승률이 높을수록 국민연금 수령액도 커진다. 소비자 물가 상승률을 반영하는 시기는 4월 1일부터 이듬해 3월 31일까지다. 예를 들어 2015년 전국 소비자 물가 상승률은 1.9%였기 때문에 2016년 4월부터 2017년 3월까지 2015년도보다 1.9% 인상된 국민연금이 지급됐다. 2017년 4월부터 2018년 3월 말까지는 2016년 소비자 물가 상승률 0.7%만큼 오른 금액이 지급된다.

주택연금은 국민연금과 달리 물가 상승률에 직접 연동되지 않지만 가입 당시 결정된 주택 가격 상승률이 매년 일정하게 계속되는 것으로 가정한다. 따라서 물가 상승의 영향을 전혀 안 받는다고 할 수 없다.

퇴직 전, 무슨 수를 쓰든
빚을 청산할 것

가계부채가 1,400조 원을 향해 빠른 속도로 늘고 있다. 가계부채가 위험 수위를 넘다 보니 온 나라가 머리를 맞대고 대책 마련에 골몰하고 있으나, 뾰족한 수를 찾지 못하고 있다. 앞으로 금리가 상승세로 돌아설 경우 빚이 많은 개인뿐 아니라 나라 경제에 치명타를 가할 뇌관으로 작용할 것이다. 무엇보다 우려스러운 것은 50대, 60대 이상 나이 드신 분들의 부채가 급격히 늘고 있다는 점이다. 빚을 안고 은퇴 후 생활로 접어드는 것은 삶을 궁핍하게 만드는 지름길이다. 부채 상환 부담 탓에 현금흐름이 더욱 빡빡해질 가능성이 커서다. 무슨 수를 쓰든 은퇴 전에 빚은 청산하고 넘어가는 것이 바람직하다.

은행 돈이 내 돈, 빚 권하는 사회

성남시 분당에 사는 53세 김모 씨의 이야기다. 그는 10년 전 월급쟁이를 그만두고 창업한 자영업자다. 2015년 초 내 집이 있었으나 사업장을 넓힐 자금을 만들기 위해 처분하고 전셋집으로 이사했다. 하지만 집값 오름세가 무서워 전세 만기가 다가온 2017년 초 보유 자산을 전부 동원해 다시 12억 원짜리 아파트를 장만했다. 2억 원을 투자한 펀드가 손실이 나는 바람에 모자라는 구입 자금 2억 5,000만 원을 은행 대출로 충당했다. 대출금리는 2.7%로 원리금 합쳐 한 달 108만 원씩 나가고 있다. 한 달 수입이 평균 600만 원 정도지만 자녀 교육비를 위해 붓는 적금 100만 원으로 생활비가 구멍이 나 마이너스 통장으로 메우고 있다.

오랫동안 지속된 저금리 기조는 빚에 관한 그릇된 인식을 심어주고 있다. 은행 돈을 가볍게 여겨 빚 얻는 것을 대수롭지 않게 생각하는 풍조가 조성됐다. 말하자면 '부채 불감증'이다. 김 씨는 2%도 안 되는 은행 적금 이자를 받으며 6%짜리 마이너스 통장을 쓰고 있다. 게다가 손실 상태의 펀드일지라도 집 구입 자금이 모자란다면 처분해 충당해야 할 텐데 오히려 2.7%짜리 은행 담보대출을 얻었다. 누가 봐도 비합리적인 가계 운영이다. 재산이 야금야금 줄어들고 있기 때문이다.

합리적으로 생각하면 금리가 센 마이너스 통장을 쓸 것이 아니라 정기적금을 해지해야 한다. 적금을 해지하면 금리 차로 인한 재산 손실을 다소나마 막을 수 있다. 하지만 의외로 많은 사람이 김

씨와 같은 선택을 한다. 그 이유는 사용 목적이 다르면 돈에도 다른 의미를 부여하기 때문이다. 같은 100만 원이라도 자녀의 교육 자금과 생활 자금은 다른 돈이라고 여긴다. 이른바 '심적 회계'다. 마음속에 오락 계정·생활비 계정·소득 계정 등으로 분류된 장부를 두고 돈 소비를 달리하는 것이 심적 회계다. 오락 계정에 있는 돈은 별 부담 없이 쓴다. 대개 명절 때 회사에서 주는 떡값이나 연말 보너스 등이 이에 해당한다. 높은 이율의 대출을 부담하면서 낮은 이율의 적금을 붓는 것도 심적 회계의 영향이다. 적금을 마음속의 자녀 교육 계정에 넣어두고 '이 계정은 신성불가침 영역이니 절대 깨선 안 된다'라고 생각한다.

김 씨는 적금을 깨면 자녀의 교육비로 쓸 자금을 만들기가 힘들어질까 봐 걱정했다. 그래서 지출은 줄이지 않고 부족한 생활비를 마이너스 통장으로 메웠다. 이는 잘못이다. 만약 자녀 교육비를 마련하지 못한다면 그때 빚을 얻어도 늦지 않기 때문이다. 또 펀드를 처분하기 아까우면 자금 사정에 맞춰 주택 규모를 줄이든가 해서 은행 대출을 최소화했어야 했다. 김 씨는 지금이야 부채를 상환하기에 충분한 소득을 벌고 있지만 소득이 확 줄어드는 은퇴 후엔 빚 올가미에 걸려 생활이 어려워질 가능성이 크다.

생활하다 보면 누구나 어쩔 수 없이 빚을 쓰게 된다. 돈 들어갈 일이 있는데 모아놓은 자금으로 부족하다면, 일단 빌려서 쓰고 나중에 갚을 수밖에 없다. 이때 중요한 것은 빚을 졌다는 사실이 아니라 그걸 갚을 능력이 있느냐다. 벌어들인 소득으로 빚을 통제 범위

내에 묶어둘 수 있다면 빚의 많고 적음은 별 문제가 되지 않는다. 빚이 없다면 더없이 좋겠지만 그건 현실과 동떨어진 생각이다.

문제는 저금리 탓에 부채를 아무렇지 않게 여기게 됐다는 점이다. 은퇴 후 생활로 접어들기 전엔 부채를 줄이거나 끄는 게 정상임에도 그냥 안고 넘어가는 경우가 비일비재하다. 그러다 보니 우리나라 고령층은 소득 변동성이 크게 증가함과 동시에 부채 부담이 커 재정적 압박을 심하게 받고 있다. 한국개발연구원(KDI)이 조사한 2016년 기준 금융부채 보유 가구의 금융자산 대비 금융부채 비율을 연령대별로 보면 55~64세가 85.5%, 65~74세가 115.2%로 35~44세(71.1%), 45~54세(85.5%) 등에 비해 높았다. 우리나라는 고령층의 소득 대비 가계부채 상환 부담이 다른 연령층보다 높은 유일한 국가라고 한다.

은퇴 이후엔 소득흐름이 줄어 원금과 이자를 상환할 능력이 떨어진다. 젊어서 일할 때는 급여 형태든 사업소득이든 매달 정기적인 현금흐름이 발생하기 때문에 대출금을 손쉽게 갚아나갈 수 있다. 그러나 은퇴 후엔 모아온 자산을 축내면서 살아야 한다. 이때 가장 큰 걸림돌이 부채 상환 부담이다. 빤한 생활비를 헐어가며 갚아나가야만 한다. 은행도 은퇴한 대출자에게 결코 우호적이지 않다. 마이너스 통장을 보유하고 있으면 신용도가 떨어져 은퇴자의 대출에 인상된 금리를 적용하거나 대출 한도를 줄일 수 있다. 대출 원금에 대한 상환 압박을 가할 수도 있다.

금리 상승에 집값 하락 겹치는 복합 충격

이때 금리라도 오르면 큰일이다. 전문가들은 미국이 기준금리를 지금의 두 배인 3%대로 올릴 것으로 예고한 만큼 우리나라는 그 수준 이상으로 금리가 오르리라고 전망한다. 금리 상승은 대출자의 이자 비용 증가를 의미한다. 대출금리가 지금보다 두 배 오르면 2억 5,000만 원을 빌린 사람은 월 220만 원의 원리금을 갚아야 한다. 우리나라 55세 이상 부부의 한 달 평균 생활비는 230만 원 정도다. 생활비 대부분이 빚 갚는 데 쓰이는데 견뎌낼 재간이 있는 은퇴자가 과연 얼마나 될까. 더 큰 문제는 금리 상승에 집값이 떨어지는 복합 충격이다. 그렇지 않아도 요즘 뜨겁게 달아오르고 있는 주택시장이 금리가 상승 기조로 돌아서면 하락세로 기울 것이란 의견이 분분하다. 원리금 상환 부담을 견디지 못한 은퇴자들이 결국은 집을 팔아 대출 상환에 나설 것이고, 그러면 매물이 매물을 부르는 악순환이 이어지며 집값이 폭락하리라는 것을 어렵지 않게 예상할 수 있다. 심한 경우 집을 팔아도 담보대출금을 갚지 못하는 '깡통주택' 출현도 점쳐진다. 빚을 갚을 능력을 상실한 은퇴 파산자도 속출할 것으로 보인다.

지난 2014년 우리보다 복지 수준이 높은 캐나다는 고령층의 은퇴 파산 문제로 떠들썩했다. 캐나다의 65세 이상 노인 중 42.5%가 어떤 형태로든 빚을 보유하고 있었고, 10%는 파산국에 파산을 신청했다. 노인 부채 증가의 주범은 저금리로 지목됐다. 초저금리 상태가 오랜 기간 지속되면서 대출이 손쉬워지고 부채를 우습게 아는 풍조가 만연해 빚이 크게 늘었다는 것이다. 여기다 수명은 자꾸 늘어나는데 부채 상환 부담에다가 질병 등의 이유로 목돈이 필요한 비상 상황까지 겹쳐 파산에 이르렀다는 분석이다. 부채 증가의 원인이 우리와 빼닮았다는 점에서 은퇴 파산이 남의 일처럼 여겨지지 않는다. 이런 험악한 시나리오가 현실이 되지 않으려면, 빚은 은퇴 전에 청산하고 넘어가는 것이 정도(正道)다. 갚을 돈이 없다면 집을 줄이고, 남는 돈으로 빚을 적극 갚아나가야만 은퇴 후 생활에 안정을 가져올 수 있다.

원금에 집착하다
'노후 파산' 쇼크 온다

원금보장. 언제 돌발 사태가 터질지 알 수 없는 투자에서 원금보장은 무척 매력적인 약속이다. 특히 시장이 불안하거나 바닥을 헤맬 때 원금보장 상품이 인기를 끈다. 그러나 여기엔 함정이 숨어 있다. 수익 기회를 발로 차버리는 결과가 되기 때문이다. 자칫하면 필요한 노후 자금을 모으지 못해 빈곤의 나락으로 떨어질 수 있다. 지금부터 원금보장의 허실을 짚어보자.

퇴직연금 95%가 원금보장형

퇴직금을 비롯한 은퇴 자금은 까먹어선 안 되는 돈이다. 절대적으로 안정적인 관리가 필요하다. 그와 달리 목돈 형성 등 증식이 목적인 일반 자금은 수익률을 최대한 끌어올리는 데 주안점을 두고 굴려야 한다. 자금 운용에서 안전제일주의를 따르는 사람에게 원금보장은 든든한 복음으로 들린다. 실제로 적립금이 150조 원을 넘는 퇴직연금은 대부분이 원금보장형이다. 퇴직연금은 사업체에서 매월 일정액을 특정 금융회사에 맡겨 운용한 뒤, 운용 성과를 토대로 퇴직 후에 퇴직금을 연금 형태로 주는 제도다. 확정급여형(DB)과 확정기여형(DC)으로 나뉘는데, DB형은 회사가 금융회사에 돈을 맡겨 불린 뒤에 모인 적립금으로 퇴직급여를 주는 방식이다. 이와 달리 DC형은 근로자가 운용한다. 회사는 매년 퇴직금의 일부를 정산해 근로자의 퇴직연금계좌로 넣어준다.

2016년 기준으로 DB형은 예·적금 등 원리금보장형 상품에 투자한 비중이 95%에 이른다. 회사가 종업원들의 퇴직금을 손실 위험이라는 부담을 안고 불려줄 이유가 없기 때문이다. 그런데 원리금보장형의 비중이 높은 건 DC형에서도 마찬가지다. 노후 종잣돈을 지키고 싶다는 퇴직연금 가입자들의 심리 때문이다. DC형 가입자의 퇴직연금 적립금 가운데 원리금보장 상품에 투자한 비중이 78.9%, 실적배당형 상품에 투자한 비중은 16.7%에 불과하다.

문제는 DB형과 DC형을 가리지 않고 수익률이 낮다는 데 있다. 2016년 DB형 수익률은 1.68%에 그쳤다. 2015년에는 2.11%였다. DC형 수익률은 2015년 2.38%, 2016년 1.45%에 불과했다. 퇴직연금의 수익률이 낮으면 회사가 근로자에게 줘야 할 퇴직급여를 제대로 마련하지 못하는 일이 발생한다. DC형에 가입한 근로자의 경우 기껏 퇴직연금에 가입했는데도 물가 상승률보다 못한 수익을 얻게 된다.

수익률도 수익률이지만 원금보장형 퇴직연금은 다른 데 투자하면 낼 수 있는 수익, 즉 기회비용을 지불해야 한다. 특히 보험 같은 장기 상품은 원금보장이 무의미할 수 있다. 연금보험의 원금보장은 아무 때나 원금을 보장해주는 것이 아니라 연금을 수령할 경우에만 해당한다. 만약 일반 금융 상품을 수익률 연 3%로 월 100만 원씩 20년간 붓고 5년 거치 후 연금을 탄다고 할 때, 적립금은 3억 8,000만 원에 누적 수익률은 58%에 달한다. 연 2%만 해도 적립금은 3억 4,000만 원, 누적 수익률 41%다. 여기서 20년간 납입하고 5년 거치 후 이자 없이 원금만 탄다고 할 때, 원금보장 2억 4,000만 원에 대한 기회비용은 수익률 3%의 경우 1억 4,000만 원, 2%는 1억 원이다. 더구나 이 사례는 물가를 고려하지 않은 것으로, 물가 상승을 고려하면 실질적으로 엄청난 손해를 입는 결과가 된다.

단기 상품이 원금을 보장한다면 그런대로 봐줄 수 있다. 그렇지만 여기에도 함정이 있다. 원금보장형 마케팅이 먹혀드는 건 투자자의 심리 상태와 관련이 있다. 개인은 주가의 바닥 국면에서 위험을 과대평가하는 경향이 강하다. 반면, 주가가 상승하는 시기엔 위험이 과소평가된다. 그래서 원금보장형은 증시가 침체에 빠져 있을 때 많이 팔린다. 지난 2008년 하반기 미국의 금융위기 때 그랬고, 2011년 10월 유럽의 재정위기 때도 그랬다. 당시 이 상품을 구입한 사람들은 원금은 지켰을지는 모르지만, 돈 벌 절호의 기회는 날려버렸다.

원금보장 상품, 주가 높을 때 사야 하는 이유

원금보장형은 오히려 주가가 정점을 칠 때 투자하는 게 정석이다. 하지만 이렇게 하는 투자자는 별로 없다. 그래서 증시가 좋을 때는 원금보장형 상품이 시장에 잘 나오지 않는다. 주가가 오랜 박스권(주가가 일정한 가격 폭 안에서만 움직일 때에 그 가격의 범위)을 벗어나 상승곡선을 그리고 있는 요즘이 그렇다. 그러나 바닥 국면에선 크게 힘들이지 않고도 공포 분위기에 사로잡힌 투자자를 상대로 원금보장 장사를 할 수 있다. 결국 원금보장형 투자자는 수익을 포기한 대가로 많은 기회비용을 물어가며 불필요한 보장을 받는 셈이다. 목돈을 단기적으로 투자할 때 원금보장은 그렇게 나쁘지 않다. 하지만 적립식으로 다달이 얼마씩 부어나가는 경우라면 어느 정도는 위험을 안아야 한다. 그 대신 기간을 길게 잡아야 한다.

전문가들은 연금의 경우 연간 수익률이 최소 4~5% 수준이 돼야 수익성이 개선되고 은퇴 후 소득대체율을 높일 수 있다고 주장한다. 소득대체율은 연금액이 평균 소득과 비례해 얼마나 되는지 보여주는 비율이다. 국민연금의 소득대체율은 40년 가입 기준 40%이지만 퇴직연금은 12%에 그친다.

원금보장을 고집하다간 나중에 생활비가 모자라 '노후 빈곤 쇼크'를 겪을 수 있다. 무조건적인 안전자산 선호가 결국 독이 될 수 있음을 깨닫고, 실적배당 투자 상품의 비중을 늘리는 게 현명하다.

[노후 준비 필살기] 원금보장 심리 퇴치법

인간은 최신 정보와 충격적인 정보에 더 큰 영향을 받는다. 이걸 '최신 효과'라고 한다. 예컨대 주가 하락과 금융위기를 예측하는 신문기사를 봤을 때 최신 효과가 작용해 앞으로의 위험을 과대평가한다. 반면 주가 상승 기간엔 기회를 과대평가하고 위험을 과소평가한다. 주가 하락을 예상하는 사람은 손실 회피 심리에 빠져 주가 상승을 암시하는 정보를 무시한다. 원금보장 상품을 사는 건 그래서다.

대표적인 원금보장 상품이 저축성 생명보험이다. 이 상품은 사고나 질병 등을 보장해주고 납입한 보험금 원금과 확정이자까지 지급한다. 하지만 이를 위해 지불해야 하는 비용이 비싸다는 것을 알아야 한다. 채권도 비슷하다. 채권 투자자는 손실 회피 심리 때문에 채권에 손을 댄다. 채권이 투자 포트폴리오의 필수품이긴 하지만, 재산 대부분을 채권이나 부동산·생명보험에 묶어두는 것은 좋지 않다. 주식은 다른 투자 상품에 비해 수익률이 높다는 것이 통계적으로 입증됐다. 채권이나 생명보험에 투자하는 것은 주식으로 얻을 수 있는 수익을 포기하는 거나 마찬가지다. 물가 상승률과 세금까지 고려할 때, 손해가 두려워 안전자산에 가진 돈을 집중시키는 것은 앉아서 재산을 까먹고 있는 거나 다름없다.

손실이 두려워 섣불리 위험을 감수할 용기가 나지 않는다면 최신 효과를 차단하면 된다. 매일 주가 움직임을 확인하거나 주가에 관한 기사를 수시로 찾아 읽는 것을 삼가라는 이야기다. 퇴직을 앞두고 있다면 당연히 자산의 안전성이 최우선이다. 투자한 돈이 필요할 때가 다가올수록 금고에 닥칠 위험을 줄여야 한다. 하지만 은퇴 후반에 쓸 돈만큼은 수익성을 생각해 위험자산에 묻어두어야 한다.

연금에도 세금이 매겨진다는
불편한 진실

고령화·저금리 시대에 노후 준비의 최우선순위는 연금 재원 마련이다. 하지만 연금을 두둑이 쟁여놓았다고 해서 웃고 있을 수만은 없다. 연금에도 세금이 매겨지기 때문이다. 그래서 연금에 가입할 때나 수령할 때 세금 문제도 함께 신경 써야 한다. 특히 연금 외에 다른 소득원이 있다면 종합소득세(종소세)를 특히 조심해야 한다. 한 푼이 아쉬운 노후에 세금을 더 무는 것만큼 억울한 일은 없다.

연금 상품엔 사람들의 가입을 유도하기 위한 '당근'이 있다. 세제 혜택을 주는 것인데, 다른 금융 상품엔 없다. 연금 상품은 납입 기간이 최소 5년 이상인 장기 상품인 데다 중도 해지도 자유롭지 못하다는 약점이 있다. 그런데도 가입자가 늘고 있는 것은 바로 세제 혜택 때문이다. 하지만 세액공제라는 당근을 그저 주는 게 아니다. 정부가 나중에 세금으로 다시 거둬간다. 지금이라도 가입한 연금 상품에서 타게 될 연금이 얼마이고 예상되는 세금은 어느 정도 인지 따져보지 않으면 나중에 당황스러운 일이 생길 수 있다.

국민연금, 다른 소득 있으면 종소세 대상

연금에 붙는 세제 혜택에는 납입액에 대해 소득·세액공제를 해 주고 나중에 연금소득세를 떼는 '세제 적격'과 소득·세액공제 대 신 연금에 비과세 혜택을 주는 '세제 비적격'이 있다. 세제 적격이 냐, 세제 비적격이냐는 조삼모사(朝三暮四)의 문제인 듯하다. 현역 때 소득·세액공제를 받는 대신 노후에 세금을 낼 것이냐, 아니면 그 반대로 할 것이냐를 선택하는 것이기 때문이다. 세제 적격 상품 으론 국민연금 등 공적 연금과 은행신탁이나 펀드 형태의 사적 연 금이 있고 세제 비적격 상품으론 연금보험이 있다. 단 세제 비적격 상품은 보유 기간이 10년 이상이라야 비과세된다. 세제 적격은 이 보다 의무 보유 기간이 짧다.

지금부터 연금 상품 개개의 세금 이슈를 파고들어 보자. 먼저 국 민연금 등 공적 연금 가입자는 매년 납부한 보험료에 대해 연말정 산 때 전부 소득공제를 받는다. 그 대신 61세 이후 노령연금을 수 령할 때 다른 소득이 있을 경우 종소세 대상이 된다. 그러나 2002년 1월 1일 이후 납입해 소득공제를 받은 부분에서 발생한 연금만 해 당한다. 1988년 도입된 국민연금은 2001년까지는 소득공제 대상이 아니었다.

퇴직연금이나 개인연금 같은 사적 연금은 좀 더 복잡하다. 일단 사적 연금 합산액이 연간 1,200만 원을 넘지 않으면 분리과세를 선택할 수 있다. 세율은 연령대별로 5.5~3.3%로 일반 금융 상품의 이자소득 세율 15.4%보다 훨씬 낮다. 만약 사적 연금 합산액이 1,200만 원이 넘어가면 합산액 전체가 종소세 대상이 돼 다른 소득과 합산 과세된다. 이때 합산액은 연금계좌에서 연금 형태로 인출된 금액 중 세액공제를 받은 총 납입액과 연금계좌의 운용실적에 따라 증가한 금액을 기준으로 한다. 따라서 사적 연금만 놓고 볼 땐 종소세 부담이 생각보다 크지 않다.

연금소득 종합과세 계산구조
총 연금액
사적 연금 과세 대상(세액공제금액+운용수익) 1,200만 원 초과시 전액+공적 연금 과세 대상 전액-연금소득공제
종합소득
총 연금액+타 소득금액-종합소득공제
종합소득 산출세액
종합소득 과세표준 X 종합소득세율(6~38%)
납부할 세액
종합소득 산출세액-세액감면공제-기납부세액

연금 수령 기간 늘리면 절세 가능

문제는 사적 연금을 가지고 있는 사람들 대부분이 국민연금 등 공적 연금에 가입돼 있거나 임대수입과 같은 연금 외 소득이 있다는 사실이다. 다른 소득이 있어 종소세 대상이 되면 합산 과세로 과표가 크게 올라간다. 공무원연금을 받는 공무원의 경우 개인연금에 가입하면 세액공제 혜택보다 나중에 종소세 부담이 더 커질 수 있다. 국민연금 가입자라도 사적 연금을 마냥 늘리는 것은 결코 유리하지 않다. 무엇보다 종소세 대상이 되면 건강보험 피보험자 배제 기준에 해당하여 지역 가입자로 전환돼 건강 보험료를 왕창 물게 된다. 연금 생활자들이 어떻게 하면 종소세 신고 대상에서 벗어날 수 있을까 하고 갖가지 편법을 쓰는 이유가 여기에 있다.

앞으로는 노후 절세 전략을 더 세련되게 가다듬고 정밀하게 구사해야 한다. 정부에서 복지 재정 부담 때문에 세수를 늘리려고 안간힘을 쓰고 있어서다. 증세까지는 아니더라도 절세 여지를 꽉꽉 틀어막고 있는 건 분명하다. 대표적인 절세 상품인 소득공제장기펀드(소장펀드)와 재형저축이 2015년 말로 일몰됐다. 지금은 가입이 불가능해진 것이다. 자산가들 사이에서 인기몰이를 하는 분리과세 하이일드 펀드도 2017년 말까지만 판매 허용되고 2018년부터는 시장에서 사라진다.

그렇다면 연금 수령 시 세금을 줄일 수 있는 방법으로는 구체적으로 어떤 게 있을까? 일단 사적 연금의 수령 기간을 늘려 연간 수령액을 줄인다면 종소세를 한 푼이라도 절약할 수 있다. 예를 들면 연금저축의 연금 수령 기간을 10년에서 15년으로 늘려 연간 1,200만 원이 넘는 수령액을 그 아래로 떨어뜨리면 종소세 대신 분리과세 혜택을 받을 수 있다. 또 연말정산 때 소득이 낮아 내야 할 세금이 얼마 안 되는 월급쟁이나 세금이 아예 없는 주부는 연금저축의 세액공제를 받지 않는 게 유리하다. 공제 혜택을 보지 않았으니 연금 수령 시 세금을 내고 말 것도 없다.

재무 상담,
믿음보다 실력을 따져라

오랜 세월 친하게 지내고 있는 한 지인은 내로라하는 금융회사에 다니다 얼마 전 퇴직했다. 사내에서 실력 있는 금융인으로 인정받아 승승장구해 임원까지 올랐다. 모두들 스스로의 노후 재무설계를 직접 짜고 실행했으려니 생각했다. 그러나 알고 보니 그는 증권사 직원으로부터 재무 상담을 받아 노후 준비를 했다. 이유를 물었더니 의외의 답이 돌아왔다. "나는 남의 돈만 관리할 수 있어. 내 돈은 예외야."

급변하는 경제·금융 환경에서 은퇴 설계를 하고 실천에 옮기는 걸 개인 혼자서 하기는 불가능하다. 무엇보다 객관적으로 판단하기가 어렵고 재무적 의사결정이 감정적으로 이뤄지기 때문이다. 예를 들면 노후에 써야 할 돈에 비해 모아놓은 재산이 턱없이 적다면 욕심을 내게 되고, 무리한 주식 투자에 나서 상황을 더 꼬이게 할 수도 있다. 과거 주식 투자에 실패했던 트라우마 때문에 은행 예금만 고집하다 돈 벌 기회를 날려버리기도 한다. 이럴 때 냉정하고 올바른 투자 결정을 내릴 수 있도록 도움을 주는 조언자가 필요하다. 그들이 꼭 실력이 뛰어나서가 아니라 자신이 볼 수 없는 어두운 곳까지 밝게 비춰주는 등대 역할을 하기 때문이다.

재무설계 왜곡 부르는 커미션 구조

2002년 노벨경제학상을 받은 대니얼 카너먼은 저서 《생각에 관한 생각》에서 "내 실수보다는 다른 사람의 실수를 찾아내는 것이 쉽다"라고 말했다. 나 역시 스스로의 실수에 대해선 까맣게 모르고 있지만 친구의 실수는 훤히 들여다보게 된다. 재무설계와 관련해 조언을 받으라고 하는 것은 나 대신 결정을 내려줄 제3자를 찾으라는 말이 아니다. 결정을 정확히 내릴 수 있도록 도와주고 균형을 잡아줄 전문가를 구하라는 뜻이다.

자산관리 전문가는 거의 재무설계사나 재무상담사란 이름으로 활동한다. 대개 금융회사에 소속돼 있다. 만약 금융회사에서 재무설계사라고 자신을 소개하면 보험설계사나 주식중개인, 투자자문 부서 직원, 공인재무설계사(CFA) 중 하나일 것이다. 이들이 고객의 재무설계를 자문한다 해서 법적으로 문제 될 것은 없지만, 이들의 복잡한 보수 체계가 고객의 손익에 즉각적인 영향을 미칠 수 있기에 유의해야 한다.

재무설계사의 소득 구조는 세 가지로 나뉜다. 금융 상품 판매에 따른 커미션, 컨설팅에 대해 받는 수수료, 그리고 두 가지를 혼합한 복합형 구조가 그것이다. 다 그런 것은 아니지만 커미션 구조는 재무설계의 왜곡을 부를 수 있으므로 조심해야 한다. 예컨대 씀씀이가 심해 적자 생활을 하는 고객이 현금흐름을 개선해 노후 준비에 나선다고 할 때, 상담을 의뢰받은 재무설계사는 컨설팅에 따른 수입이 없기 때문에 투자 상품을 권유할 수 있다. 그런데도 고객은 노후 자금 마련이 발등의 불이어서 무작정 투자부터 시작하고 본다. 이 경우 현금흐름 개선 없이 무리하게 투자에 뛰어들었기 때문에 주가의 등락을 견디지 못하고 중도 하차할 가능성이 크다. 원금마저 깨진다면 노후 설계를 망치는 결과를 낳는다. 커미션 구조의 재무설계사가 자기 이익만을 앞세울 때, 피해가 발생하면 고스란히 고객의 몫이 된다.

정부는 자산관리의 대중화를 도모하고 금융회사의 불완전 판매를 방지한다는 차원에서 2017년 5월 독립투자자문업자(IFA) 제도라는 것을 도입했으나 아직은 유명무실하다. IFA란 증권사·은행등 특정 회사에 속하지 않고 투자자에게 자문 서비스를 제공하는 법인과 개인 전문가를 통칭한다. 판매사의 이해관계와 상관없이 고객의 수요와 투자 성향을 고려해 맞춤형 자문이 가능하다는 게 장점이다. 1억 원 이상의 자본금을 갖춘 IFA는 펀드·주가연계증권(ELS)·환매조건부채권(RP) 등을 자문할 수 있으며 보험 상품은 예외다. 주식과 채권, 파생 상품을 다루기 위해서는 자본금을 5억 원까지 늘려야 한다. IFA가 발달한 국가는 펀드뿐 아니라 보험·연금 상품 등 고객 포트폴리오를 총체적으로 다룰 수 있도록 하고 있다. 우리나라는 반쪽짜리 자산관리 서비스여서 수요를 확대하기엔 한계가 있다.

상품 위주 상담은 피할 것

좋은 자산관리 전문가를 만나기란 하늘의 별 따기다. 그렇다고 포기할 순 없는 일이다. 혼자서 해결해보겠다고 끙끙 앓느니 법규나 규정, 고객의 장단점을 꿰뚫고 있는 전문가와 관계를 맺는 것이 재무설계의 시간과 비용, 노력을 절약하는 길이다. 문제는 신뢰할 수 있느냐다. 퇴직금 등 두둑한 현찰을 손에 쥐고 있어 노심초사하는 예비 은퇴자나 은퇴 초년생 입장에선 자신의 노후 준비와 관련해 명쾌한 해법을 안내받았다 해도 뭔가 숨은 의도가 있을 거라며 의심의 눈초리를 보내는 경향이 있다. 충분히 있을 수 있는 이야기다. 신뢰할 만한 설계사도 고객의 자산관리보다는 자기 지갑을 두둑이 하는 일에 더 관심을 가질 수 있기 때문이다.

그래서 좋은 재무설계사의 제1조건은 신뢰보다는 설계 기술이나 금융지식이라는 의견도 있다. 신뢰는 쉽게 속일 수 있지만 금융지식과 기술은 그럴 수 없기 때문이다. 내 은퇴에 대해 나만큼 걱정하는 사람은 없다. 만약 금융회사 직원이 어떤 개인적인 이득을 얻으려고 청하지도 않은 제안을 하더라도 그걸 신뢰의 문제와 연결 지어서는 안 된다. 돈을 관리하는 문제에서 궁극적인 책임을 지는 사람은 나 자신이라는 것을 명심해야 한다.

많은 재무설계사가 피상적인 진단 후 바로 처방을 내린다. 대개 보유한 보험증권이나 금융 상품 목록을 먼저 알려달라고 요구하는데, 이는 고객의 호주머니를 탈탈 털어 회사의 상품에 가입시키려는 의도일 수 있다. 올바른 설계사는 상품 위주의 상담을 하지 않는다. 자산·부채 현황이라든가 씀씀이 등 재정 상태에 더 관심을 기울인다. 저금리·저성장으로 자산 불리기가 어려운 현실인데도 재테크를 고집하는 설계사는 일단 미덥지 못하다. 은퇴 설계는 장기적인 현금흐름을 중시해야 한다. 눈앞의 수익을 좇는 것이 아닌 인생 후반부 삶의 전반을 다루는 초장기 플랜이어서다. 100미터 달리기가 아니라 지구력이 필요한 마라톤인 것이다.

[노후 준비 필살기] 진정한 은퇴 조력자 감별법

자산관리의 도움을 받기 위해 금융회사를 찾았을 때 담당 직원이 진정한 조력자일지 아닐지를 감별할 수 있는 다섯 가지 체크리스트를 소개한다.

1. 자산관리 경력과 경험부터 확인하라

전문 설계사 자격을 보유하고 있더라도 재무설계 경험이 일천하다면 피해야한다. 재무설계와 자산관리 업무를 오래 다뤄오면서 시장의 급등락을 경험한 사람을 선택하는 것이 좋다.

2. 어떤 자격증을 보유하고 있는지 알아보라

대부분의 사람이 지인 또는 지인의 소개를 통해 재정적 문제를 해결하려 하는데, 그렇더라도 자격증 소유 여부를 확인해야 한다. 복수의 자격증 소지자도 있을 수 있다. 알고 지내는 설계사 중엔 자격증만 열 개를 보유한 사람이 있다. 은퇴 설계는 비재무적 분야도 취급해야 하므로 이런 사람이 도움이 된다.

3. 투자 철학이 무엇인지 물어보라

재무설계사는 투자에서 중요한 것이 무엇인지쯤은 설명할 수 있어야 한다. 만약 답변이 두루뭉술하거나 모호하다면 명확히 설명해달라고 요청하자.

4. 투자 포트폴리오를 보여달라고 요청하라

투자 경험이 없는 사람이 자산관리를 돕겠다고 하는 건 난센스다. 투자 포트폴리오를 보여달라고 했을 때 공개를 망설이거나 연간 투자 수익률을 얼마 올릴 수 있다는 등으로 말을 돌린다면 그와 작별을 고하라. 투자 수익을 얼마나, 어떻게 올렸는지 알아보면 고객 자산의 운용과 관련해 중요한 정보를 얻을 수 있다.

5. 나의 재무 목표에 대해 어떻게 생각하는지 물어보라

자산관리는 개인 맞춤형이 되어야 한다. 아무리 뛰어난 실력자라도 고객의 재무 목표와 동떨어진 솔루션을 내놓는다면 아무 소용이 없다. 내가 설명한 재무 목표를 제대로 이해하지 못했다면 맞춤형 자산관리를 기대할 수 없다.

비상금이 잘 작동하면
노후가 즐겁다

"노후엔 아내가 눈치채지 못하는 딴 주머니가 있어야 해. 그거 만들어뒀어?"

"아니, 월급 타면 고스란히 아내한테 주는 판인데."

"그러다 내 꼴 나면 어쩌려고. 미리 만들어놓는 게 좋아."

얼마 전 저녁을 함께하는 자리에서 한 지인이 건넨 이야기다. 그는 공기업 임원으로 있다가 2년 전 퇴직했다. 입사 후 승승장구하며 요직을 두루 거쳐 그런대로 직장생활을 행복하게 누린 편이었다. 하지만 퇴직하고 나니 현역 시절의 풍족함은 온데간데없고 하루아침에 쪼들리는 신세가 됐다.

무엇보다 기초적인 품위 유지가 안 된다는 게 견디기 어려운 일이었다. 아내한테 한 달 용돈을 타다 쓰는데, 혼자 교통비와 점심값을 해결하는 정도였다. 친구나 후배들을 만나면 밥값, 술값이 들어가는데 턱없이 모자랐다. 임원까지 지낸 터라 사흘이 멀다고 이곳 저곳에서 청첩장이나 부고 등이 날아왔다. "수입도 없는데 분수를 알아야 한다"며 잔소리를 하는 아내에게 용돈을 올려달라고 간청했지만 허사였다. 결국 한 달 용돈이 열흘도 안 돼 바닥나기 일쑤여서 웬만한 모임은 참석을 꺼리게 됐다. 동네 문화센터와 도서관을 전전하며 하루를 때우는 날이 잦아졌다. 그제야 퇴직 이후에 혼자 쓸 비상금을 준비하지 못한 것이 후회되더라는 것이었다.

세상살이엔 예기치 않게 돈 쓸 일이 생기기 마련이다. 사람들이 개인적인 비상금이란 것을 만드는 이유다. 비상금은 재정 형편이 어려울수록 한계 효용이 커진다. 소득이 줄어드는 노후가 그렇다. 한계 효용은 어떤 재화 또는 서비스의 추가분으로부터 얻는 효용이다. 가뭄 속 단비처럼 지갑이 얇아진 상황에선 비상금이 주는 만족감은 현역 때보다 클 수밖에 없다. 노후 비상금은 부족한 용돈을 메우는 성격이 강하다. 없으면 불편하지만 공개적으로 드러내기 꺼려진다. 있다고 한들 마음이 찜찜한 것은 어쩔 수 없다.

한계 효용 높은 노후 비상금

누구나 한 번쯤은 비상금과 관련한 해프닝을 겪었지 싶다. 조성 과정이 뭔가 떳떳하지 못하고, 쓰임새도 개인적인 용도이기 때문이다. '비밀', '배신'이란 단어와 연결되기도 한다. 딴 주머니란 부정적 이미지이기에 은닉의 문제도 있다. 아내의 카드 사용 내역을 추적했다가 비상금의 존재가 들통나면 가정 파탄까지는 아니더라도 부부 갈등의 빌미가 되곤 한다. 그러나 비상금의 필요성 또한 부인할 수 없는 사실이다. 너무 규모가 크면 의도를 의심받을 수 있지만 적당한 금액은 오히려 생활에 활력소가 될 수 있다. 말하자면 필요악인 셈이다.

어느 취업 포털이 20~60대 기혼 부부 200명에게 '배우자가 모르는 비자금이 있느냐'고 물었더니 응답자의 26.5%가 '그렇다'라고 답했다. 또 '배우자가 비자금을 갖고 있으면 좋겠느냐'는 질문에도 응답자의 62%가 '그렇다'라고 답했고, 특히 나이가 들수록 비자금이 있으면 좋겠다는 응답 비율이 높아졌다.

그렇다면 비상금은 어떻게 조성할까? 교수라면 이런저런 회의나 세미나에 참석해 교통비를 받을 수 있고, 기업체로부터 프로젝트를 따 가욋돈을 벌 수 있다. 일반 직장인도 기회는 많다. 회사생활을 하다 보면 특별상여금, 명절 떡값 등이 나온다. 한 달 용돈의 일부를 쓰지 않고 절약해 모을 수도 있다. 일주일에 커피 한 잔, 술자리 한 번만 줄여도 오랜 세월 쌓이면 적잖은 돈이 된다.

하지만 퇴직하면 비상금을 만들 기회가 사라져버린다. 그렇다고 돈 쓸 곳이 없어지는 것은 아니다. 퇴직 후에도 인간관계와 체면을 중시하는 한국 사회 특유의 분위기상 사회활동 비용이 만만치 않게 들어간다. 배우자 몰래 소비해야 할 데도 생긴다. 더구나 월급쟁이는 대개 퇴직하면 가정의 경제권이 부인에게 집중되는 경우가 많다. 부인과 잘 얘기를 나눠 비상금 문제를 해결하는 것이 최선이지만, 현실은 그렇지 못하다. 용돈을 받아 쓰는 남자의 생활은 팍

팍하다. 후배에게 술 한잔 사기 쉽지 않고 꼭 챙겨야 할 경조사에도 소심해진다. 아내한테 용돈 좀 올려달라고 했다가는 "나는 생활비 한 푼에도 벌벌 떨면서 사는데 이제 돈도 들어오지 않는 상황에서 조금 더 아껴 쓰자"는 타박이 돌아오기도 한다. 그러다 부부 사이에 갈등이 빚어지고 심하면 부부 싸움으로 번지곤 한다.

이럴 때 아내 몰래 모아둔 비상금이 있다면 험악한 상황을 피할 수 있다. 게다가 비상금은 좌절에 빠지기 쉬운 노후에 심리적 안정 감을 준다. 퇴직 후 아내가 주는 용돈 범위 내에서 알뜰살뜰 사는 남자도 많지만, 앞의 공기업 임원을 지낸 지인처럼 금단증세에 시달리는 사람도 적지 않다. 그는 지금 재취업을 위해 일자리를 알아보고 있다고 했다. 만약 재취업에 성공하면 무슨 수를 쓰든 비상금을 만들겠다고 한다. 그게 자신의 노후를 위해, 아내와의 평화를 위해 필요하다는 것이다.

노후 비상금 만들 때 필요한 것은

하지만 재취업을 한다 해도 눈먼 돈을 찾기가 쉽지 않을뿐더러 갈수록 길어지는 노후 기간에 보탬이 될 만한 자금을 조성하기도 어렵다. 결론은 현역 때 미리미리 준비하는 게 좋다는 말이다. '노후에 쓸 용돈을 스스로 어느 정도 해결하기 위해서 매달 월급에서 얼마씩 저축하겠다'라고 배우자에게 사전에 솔직히 양해를 구하는 방법이 가장 바람직하다. 은퇴 후 가계에서 적지 않은 비중을 차지하는 용돈을 재정 형편이 나은 현역 때 조금씩 준비하겠다니, 그것도 공개적으로, 아내는 웬만하면 동의해줄 것이다.

노후에 비상금이 필요한 건 여성도 마찬가지다. 여성은 남성보다 평균 3~4년 더 오래 산다. 혼자 살아야 하는 기간이 더 긴 만큼 별도로 준비해야 한다. 꼭 독거 생활 대비용이 아니라도 비상금이 있으면 남편과 자식, 주변에 당당해질 수 있다. 남편 역시 아내가 비상금 통장을 하나쯤 가지고 있으면 좋겠다고 생각한다는 설문조사 결과도 있다. 여성은 비상금을 가지고 있다 해도 남편이나 자식이 긴급한 상황에 처하면 금세 풀어놓는다. 그러나 남성이 품위 유지와 여가, 자신의 경쟁력 강화를 위해 비상금을 쓰듯이 여성도 자신의 윤택한 노후를 위해 활용하는 것은 결코 나쁘지 않다.

부부 사이엔 비밀이 없어야 한다고 한다. 이는 돈 문제에도 적용될 수 있다. 신뢰가 생명인 부부 사이에 숨기는 돈이 있어선 안 된다는 건 당연하다. 하지만 살다 보면 세상은 그렇게 원칙대로만 돌아가지 않는다. 어쩌면 배우자가 나 몰래 딴 주머니를 차고 있을지 모르는 일이다. 혹 낌새를 눈치채더라도 굳이 들춰내려고 애쓰지 말자. 부부 사이에도 어항처럼 맑고 투명한 돈 관계를 유지하기란 진짜로 어렵다.

참고 문헌

《100세 시대 은퇴 대사전》 송양민·우재룡 공저, 21세기북스

《1인 1기》 김경록 저, 더난출판사

《2012 행복설계 리포트》 중앙일보 재산리모델링센터 저, 중앙북스

〈2017 KB골든라이프 보고서〉 KB금융지주 경영연구소

〈2018년 경제전망〉 한국투자증권 보고서

《2020 시니어 트렌드》 사카모토 세쓰오 저·김정환 역, 한스미디어

〈Asset Allocation〉 뱅가드사 보고서

〈Target Date Asset Allocation Methodology〉 메릴린치사 보고서

《The 5 years before you retire》 에밀리 G. 버켄 저, Adams Media

《고경호의 경제사용법》 고경호 저, 행간

《경제학자의 생각법》 하노 벡 저·배명자 역, 알프레드

《공짜 점심은 없다》 김진선·오은수 공저, 아템포

《넛지》 캐스 R. 선스타인·리처드 H. 탈러 공저, 리더스북

《당신의 노후는 당신의 부모와 다르다》 강창희 저, 쌤앤파커스

《당신이 속고 있는 28가지 재테크의 비밀》 박창모 저, 알키

《똑똑한 사람들의 멍청한 선택》 리처드 H. 탈러 저·박세연 역, 리더스북

《부자되는 돈 관리법》 폴 설리번 저·박여진 역, 한국경제신문

《부자들의 냅킨 재테크》 칼 리처즈 저·박유연 역, 알에이치코리아

《부자들의 생각법》 하노 벡 저·배명자 역, 갤리온

《불확실성시대 금융투자》신세철 저, 이패스코리아

《생각에 관한 생각》대니얼 카너먼 저·이진원 역, 김영사

《생애재무설계, 지금 당장 시작하라》홍은주 저, 삼성경제연구소

《아름다운 노후를 완성하는 은퇴설계》삼성생명 FP센터 저, 새로운제안

《워런 버핏의 주주 서한》워런 버핏 저·이건 역, 서울문화사

《은퇴설계를 위해 정말 10억이 필요합니까?》권도형 저, 한스컨텐츠

《대한민국 상위 1% 부자들의 은퇴자금 관리의 성공법칙》김병기 저, 좋은땅

《은퇴 후 30년을 준비하라》오종남 저, 삼성경제연구소

《은퇴 후 8만 시간》김병숙 저, 조선북스

《인생 100세 시대의 자산관리》강창희 저, 석세스티브이

《인생 재무설계 레시피》차재혁 저, 미래와경영

《재테크 정석》정복기 저, 위즈덤하우스

《정년 후의 80000 시간》강창희 저, 김&정

《통계로 보는 은퇴스토리》최성환 등저, W미디어

《피터 린치의 이기는 투자》피터 린치 저·권성희 역, 흐름출판

《행복한 100년 플랜》우재룡·민주영 공저, 부크온

《행복한 은퇴》세라 요게브 저·노지양 역, 이룸북

〈행복한은퇴발전소 창간호〉미래에셋은퇴연구소

《후천적 부자》이재범 저, 프레너미